COMPUTER
ganz leicht

Hans-Georg Schumann

COMPUTER
ganz leicht

impian

Genehmigte Lizenzausgabe für Impian GmbH, Hamburg, 2022
Copyright © 2019 mitp Verlag, Frechen

All rights reserved.

Lektorat: Katja Völpel
Sprachkorrektorat: Petra Heubach-Erdmann
Satz: III-satz, Husby
Umschlaggestaltung: Nele Schütz Design
unter Verwendung von Shutterstock/Schiwa
Druck: UAB BALTO print
Printed in Lithuania

ISBN 978-3-96269-151-6

www.impian.de

INHALT

EINLEITUNG 11
    Wie arbeite ich mit diesem Buch? 12
    Was brauchst du für dieses Buch? 13

WAS IST DAS, EIN »KOMPJUTER«? 15
    In diesem Kapitel lernst du 15
    Erst mal einen Computer anschauen 16
    Die Maschine starten 20
    Ein Schreibtisch auf dem Bildschirm 21
    Die Sache mit der Maus 24
    Zusammenfassung 32

KLICKEN, TIPPEN, ZIEHEN: EIN SYSTEM IM BETRIEB 33
    In diesem Kapitel lernst du 33
    Was ist auf dem Desktop? 34
    Kein Haus ohne Fenster 38
    Touchpad oder Touchscreen? 41
    Schluss machen und abschalten 45
    Zusammenfassung 48

DER PC BEKOMMT ZU TUN: EINGABE UND AUSGABE 49
    In diesem Kapitel lernst du 49
    Ein Programm starten 50
    Von Menüs und Dialogen 54
    Die Tastatur 56
    Eine Datei speichern 62
    Zusammenfassung 65

INHALT

4 MIT SCHERE UND KLEBER: TEXTBEARBEITUNG ... 67
In diesem Kapitel lernst du ... 67
Etwas Neues anfangen ... 68
Eine Datei wieder öffnen ... 70
Etwas ausdrucken ... 72
Ausschneiden und Einfügen ... 76
Ein Programm beenden ... 83
Zusammenfassung ... 84

5 JEDE MENGE SPEICHERPLATZ: HARDDISK, FLASH, CD UND MEHR ... 87
In diesem Kapitel lernst du ... 87
Geräumig, schnell und gut verpackt: Festplatten ... 88
Noch schneller und kompakt: Flash-Speicher ... 92
Datenträgerfenster ... 93
Fenster anpassen ... 98
Gebrannte Scheiben ... 103
Überall-Speicher: die Cloud ... 106
Zusammenfassung ... 111

6 JETZT WIRD AUFGERÄUMT: KOPIEREN, VERSCHIEBEN, LÖSCHEN ... 113
In diesem Kapitel lernst du ... 113
Von einem Datenträger zum anderen ... 114
Dateien kopieren ... 116
Dateien verschieben ... 120
Dateien löschen ... 124
Quelle und Ziel ... 129
Zusammenfassung ... 132

7 NEUE »MÖBEL« IM SYSTEM: DATEIEN UND ORDNER ... 133
In diesem Kapitel lernst du ... 133
Alles in Ordnung? ... 134
Wie wär's mit einem anderen Namen? ... 143
Dateien suchen ... 143
Zusammenfassung ... 151

INHALT

NICHT NUR FÜR TECHNIKFREAKS: DIE HARDWARE ... 153

- In diesem Kapitel lernst du ... 153
- Ein erster Blick ins Gehäuse ... 154
- Die Hauptplatine ... 155
- Schnittstellen ... 161
- Erweiterungen ... 162
- Verbindungen ... 165
- Peripherie ... 169
- Noch mehr Computer ... 172
- Zusammenfassung ... 175

OHNE SIE LÄUFT NICHTS: DIE SOFTWARE ... 177

- In diesem Kapitel lernst du ... 178
- Allerlei weiche Ware ... 178
- Anwendungen (Apps) installieren ... 183
- Textverarbeitung ... 186
- Grafik ... 187
- Tabellenkalkulation ... 189
- Datenbanken ... 190
- Office-Pakete ... 191
- Multimedia ... 192
- Spiele ... 193
- Kontakte, Termine, Aufgaben ... 195
- Internet – das Netz der Netze ... 197
- Zusammenfassung ... 201
- Schlusswort ... 202

FÜR ELTERN UND LEHRER ... 203

KLEINE PANNENHILFE ... 205

KLEINES LEXIKON ... 207

STICHWORTVERZEICHNIS ... 241

Für
Janne, Julia, Daniel und Katrin

EINLEITUNG

Hast du Lust, auf eine Entdeckungsreise zu gehen? In diesem Buch geht es um Geräte, von denen viele Leute oft mehr haben als Haustiere. Sie heißen Computer, tauchen in den verschiedensten Arten auf und tragen alle möglichen Namen, von Desktop bis zu Smartphone.

Manche wissen gar nicht, wie man damit umgeht – hier lernst du es. Manche denken, so ein Ding sei nur zum Spielen da – hier erfährst du, dass man damit noch viel mehr anstellen kann. Manche glauben, drin im Computer spukt es – hier kannst du erleben, dass das wirklich nicht stimmt (jedenfalls nicht immer).

Versuchen wir, diesen Fragen nachzugehen:

◇ Was ist ein Betriebssystem und wie gehst du damit um?

◇ Was ist Hardware und welche ist für dich nützlich?

◇ Was ist Software und wozu brauchst du sie?

Mehr Überblick verschafft dir das Inhaltsverzeichnis. Dort siehst du dann auch, dass es im Anhang noch eine Pannenhilfe und ein kleines Lexikon gibt. Viel Spaß beim Schmökern!

WIE ARBEITE ICH MIT DIESEM BUCH?

Du findest in diesem Buch eine Menge Praxis, aber auch viel Theorie. Praxis, das heißt: Es gibt etwas zu tun, du kannst vor dem Computer sitzen und dort etwas anstellen. Bei der Theorie dagegen kann dein Computer auch ausgeschaltet bleiben. Du kannst dich in einen Sessel oder aufs Bett plumpsen lassen und im Buch herumschmökern.

Einige Symbole sollen dir auf deiner Wanderung durch dieses Buch behilflich sein:

ARBEITSSCHRITTE

≫ Wenn du dieses Zeichen siehst, dann gibt es etwas am Computer zu tun. Schritt für Schritt lernst du auch mit Dingen umzugehen, die dir anfangs kompliziert erscheinen.

AUFGABEN

Ab und zu ist da eine Aufgabe eingestreut. Du kannst sie natürlich auch überspringen. Es ist nicht unbedingt nötig, die Aufgaben zu bearbeiten. Aber vielleicht reizt es dich doch, diese oder jene Sache zu knacken. Denn allzu schwer sind diese Aufgaben nicht.

NOTFÄLLE

Manchmal hast du irgendetwas falsch gemacht. Oder du hast vergessen, wie etwas funktioniert. Oder es wird gerade brenzlig. Dann findest du hoffentlich bei diesem Symbol eine Lösungsmöglichkeit. Notfalls kannst du aber auch ganz hinten im **Anhang C** nachschauen, wo die wichtigsten Pannen aufgeführt sind.

WICHTIGE STELLEN IM BUCH

Hin und wieder siehst du ein solch dickes Ausrufezeichen im Buch. Dann ist das eine Stelle, an der etwas besonders Wichtiges steht.

Wenn du ein solches »Wow« siehst, geht es um ausführlichere Informationen zu einem Thema.

ZUSATZINFORMATIONEN FÜR TECHNIKFREAKS

> Hier stehen Informationen, die du nicht unbedingt lesen musst. Aber es soll ja eine Menge Kids geben, die neugierig sind und immer noch ein bisschen mehr wissen wollen. Falls du dich dazuzählst, wirst du an dieser Stelle fündig: Hier werden auch kompliziertere Dinge erklärt.

WAS BRAUCHST DU FÜR DIESES BUCH?

Du kannst mit diesem Buch beginnen, ohne irgendetwas über **Computer** zu wissen. Gut wäre es aber schon, wenn du eine Möglichkeit hast, mit so einem Ding zu arbeiten. Am besten wäre ein Computer mit **Windows**.

Die neueste Version von Windows hat die Nummer 10. Die Abbildungen in diesem Buch zeigen dieses neue Windows. Wenn du ein anderes Windows auf deinem PC hast oder ein anderes System wie Linux oder z.B. iOS oder Android auf deinem Tablet oder Smartphone, sieht dein Bildschirm (englisch Display) eben anders aus, aber doch nicht so fremd. So wirst du auch dann mit dem etwas anfangen können, was hier am Beispiel von Windows gezeigt wird.

HILFE?

Ab und zu musst du vielleicht jemanden um Hilfe bitten: Für Eltern und Lehrer ist der **Anhang A** gedacht. Du kannst ihn natürlich auch lesen, wenn du möchtest. Es ist schließlich dein Buch und (fast) alles ist auch für dich geschrieben.

Food retupmoc dnis? Um das herauszufinden, lass uns gleich beginnen!

1 WAS IST DAS, EIN »KOMPJUTER«?

Am besten lernt man etwas kennen, indem man damit umgeht. Also rauf aufs Fahrrad oder den Roller und los? Da ist es wohl besser, man weiß schon, wie man lenkt und wo die Bremsen sind.

Beim Computer ist es ziemlich ungefährlich, gleich loszulegen. Du schaltest das Ding an und wartest ein bisschen, bis es sich wachgerüttelt hat. Dann startest du z.B. ein Rennspiel. Und schon kann's losgehen.

So mancher würde sich vielleicht lieber gemütlich in einem Sessel breitmachen und sich den Computer erst mal nur aus der Ferne anschauen, aber du kommst lieber gleich zur Sache? Dann bist du hier richtig: Denn schon im ersten Kapitel rücken wir dem Computer auf den Pelz.

IN DIESEM KAPITEL LERNST DU

- wie du den Computer startest,
- etwas über Windows,
- einiges über den Umgang mit der Maus.

ERST MAL EINEN COMPUTER ANSCHAUEN

Von Weitem hat so ein Ding sicher jeder schon mal gesehen: einen **Computer**. Das kommt aus dem Englischen und heißt auf Deutsch eigentlich so viel wie Rechner. Und mehr als rechnen kann ein Computer in Wirklichkeit auch gar nicht. Denn in seinem Inneren macht er alles, was er zu fassen kriegt, zu Zahlen und berechnet damit die irrsten Dinge.

Was für uns dabei herauskommt, sind dann aber nicht nur Zahlen, sondern unter anderem Texte, Bilder und Töne. Und damit man überhaupt etwas davon mitkriegt, was der Computer da ausspuckt, gibt es ein paar Geräte zum Sehen und zum Hören.

Computer sind ja nicht nur diese großen Klötze, die oft in Büros auf oder unter den Schreibtischen herumstehen. Auch Taschenrechner sind Computer, in Waschmaschinen, im Auto, sogar in deiner Armbanduhr sind Computer eingebaut. Die berechnen das Waschprogramm. Computer sorgen dafür, dass das Auto nicht zu viel Benzin verbraucht, oder helfen sogar beim Vermeiden von Fahrfehlern. Und Computer zeigen regelmäßig die Zeit an oder melden irgendwelche Nachrichten. Und es gibt noch viele andere Erscheinungsformen, fast so viele wie bei den Tierarten. Na ja, nicht ganz so viele.

> Man könnte einen Computer als **Rechenmaschine** bezeichnen. Alles, mit dem man ein solches Gerät füttert, wandelt er in ein eigenes Zahlensystem um. Damit rechnet er dann. Und was am Ende dabei herauskommt, kann z.B. ein Bild sein oder ein Text. Genannt wird das Ganze **Daten**. Besonders schlaue Leute sagen daher zum Computer auch **Datenverarbeitungsanlage** oder sprechen geheimnisvoll von DVA.
>
> Auch wenn du mit dem Computer spielst, rechnet er ständig. Du bekommst davon nur mit, dass sich z.B. eine Figur auf dem Bildschirm bewegt oder ein Klang ertönt.

Der Computer, um den es erst einmal vorwiegend geht, heißt Personal Computer. Abgekürzt **PC**, gesprochen: Peh-Zeh. Wenn du den Eindruck erwecken willst, schon eine Menge von Computern zu verstehen, dann musst du PC sagen (und auf keinen Fall Personal Computer)!

> Woher kommt der Name **Personal Computer**?
> Vor vielen Jahren (Anfang der 80er) hatte die Firma **IBM** die Idee, einen Computer zu bauen, der in einen Kasten passte, der nicht größer war als eine Seemannskiste. Das war damals etwas Besonderes, denn Computer waren normalerweise

so groß wie dein Zimmer (oder noch größer). Und die kleineren mindestens so groß wie ein Kleiderschrank.

Es gab zwar schon die ziemlich kleinen Heimcomputer, aber die waren nicht besonders leistungsfähig. Sie wurden an ein Fernsehgerät angeschlossen, und wenn man etwas speichern wollte, benutzte man dazu einen Kassettenrekorder.

Zurück zu IBM. Das war eine große Firma, die selbst eigentlich nur riesige Computeranlagen baute. Der neue kleinere Computer sollte trotzdem so leistungsfähig sein, damit jeder etwas damit anfangen konnte.

Jeder Mensch sollte so ein Ding haben, also jeder seinen persönlichen Computer (englisch: Personal Computer). Und weil man immer schon gerne etwas abkürzte, so wurden daraus die zwei Buchstaben »PC«.

Das Besondere am PC war auch, dass man ihn ziemlich leicht umbauen konnte. Das heißt, man konnte ihn öffnen und erweitern oder etwas ganz Neues einbauen. Außerdem ließen sich viele Geräte an ihn anschließen. Im Gegensatz zu früheren Computern war der PC also eine richtige Bastelkiste.

Mit der Zeit griffen andere Hersteller die Idee auf und bauten den PC nach. Jeder Computer hatte im Prinzip den gleichen Aufbau. Auch wenn es natürlich Unterschiede gab, konnte jeder PC-Besitzer seine Programme und andere Dateien mit jedem anderen austauschen. Alles passte zusammen. Inzwischen gibt es viele Millionen PCs überall auf der Welt.

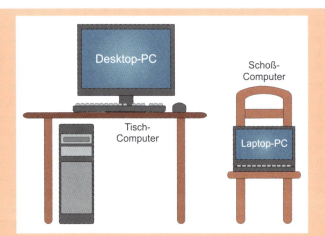

Während früher vor allem die **Desktop-PCs** vorherrschend waren, haben sich in den letzten Jahren immer mehr die **Laptop-PCs** verbreitet, eher bekannt unter dem Namen **Notebook**. Während die einen in der Regel einen festen Platz auf oder unter dem Schreibtisch haben, kann man die anderen mit sich herumtragen.

Im Folgenden werde ich statt **Computer** auch immer mal wieder **PC** schreiben und meine damit jeweils das Gleiche. Natürlich sind auch Geräte wie Tablets und Smartphones Computer. Und in gewisser Weise also auch PCs.

Ein kompletter PC besteht mindestens aus diesen drei Teilen:

- ⬥ einer Art Kasten, der meist auf dem Tisch liegt (oder wenn er sehr groß ist, unter dem Tisch steht). Das ist das Haus, in dem der Computer wohnt, Computergehäuse genannt.

- einer Anzeigefläche, auf der man Dinge wie Texte, Bilder oder Filme sehen kann: Das wird als **Bildschirm** oder **Monitor** oder **Display** bezeichnet.

- und einer Art Brett mit vielen, vielen Tasten. Das ist die **Tastatur**. Wer's auch hier in Englisch will, kann **Keyboard** sagen.

Jedes dieser drei Teile hat im System eine feste Aufgabe:
- Über die Tastatur wird etwas eingegeben. Das sind für den Computer Daten. Damit kannst du dem Computer also auch etwas mitteilen: zum Beispiel Befehle geben, einen Text schreiben, Tabellen ausfüllen. Die Tastatur ist für den Computer ein Gerät zur **Eingabe**. Das können auch z.B. Maus, Stift oder Finger sein.
- Im Computergehäuse werden die eingegebenen Daten gesammelt und verdaut. Das ist die eigentliche Leistung des Computers, die **Verarbeitung** von Daten. Von außen bekommst du davon nicht viel mit.
- Der Bildschirm zeigt an, was der Computer bei seiner Verarbeitung zustande gebracht hat, damit du auch etwas von dem Ergebnis mitbekommst. Der Bildschirm ist für den Computer ein Gerät zur **Ausgabe**, ebenso wie z.B. ein Drucker.

Fachleute sagen dazu **EVA**-Prinzip. Das hat nichts mit dem schönen Mädchen zu tun, von dem die Bibel sagt, es war das erste seiner Art. EVA sind einfach nur die drei Anfangsbuchstaben für **E**ingabe-**V**erarbeitung-**A**usgabe.

Die meisten PCs sind heute sogenannte **Laptops** oder **Notebooks**. Damit ist ein Computer gemeint, mit dem Bildschirm und Tastatur fest verbunden sind. So ein Gerät lässt sich ziemlich leicht überallhin mitnehmen. Und man kann einen solchen PC auf dem Schoß benutzen (Laptop) oder wie eine Schreibmappe (Notebook) transportieren.

Und **Tablets** oder Tablet-PCs verzichten sogar auf die echten Tasten, sie haben nur einen berührungsempfindlichen Bildschirm (Touchscreen). Aber es gibt auch Notebooks mit Touchscreen und Tastatur, sozusagen alles in einem. Wenn das Gerät aufgeklappt ist, lässt sich der Bildschirm so drehen, dass er beim Zuklappen von oben zu sehen ist. Dann sieht das Ganze aus wie ein ziemlich dicker Tablet-PC. Und schließlich lässt sich auch ein Tablet zum Notebook machen, wenn man eine geeignete Tastatur damit verbindet (die man jederzeit auch wieder abnehmen kann).

DIE MASCHINE STARTEN

Der eigentliche Computer sitzt bei einem Notebook in einem schlanken Kasten. Man klappt das Notebook auf und schaut dann auf den Bildschirm und die Tastatur. Und einige Schaltknöpfe gibt es da auch noch.

> Suche den Knopf mit der Aufschrift »On« oder »Power«. Wenn nirgendwo etwas steht, lasse dir von jemandem zeigen, wo der Knopf zum Anschalten ist. Dann drücke den Knopf.

Und es geht los: Der Computer räkelt sich, denn nun fließt Strom durch seine Adern. Du kannst es hören. Und du kannst es sehen, wenn du auf den Bildschirm schaust.

Wahrscheinlich piepst es irgendwann, dann rattert oder pfeift etwas. Das hat seine Ordnung, denn der Computer kontrolliert nur, ob alles funktioniert. Es ist so, als würdest du morgens nach dem Aufstehen erst mal Kopf, Arme und Beine ausschütteln und dehnen. Vor allem bei Kids mit 88 knirscht es da und dort mitunter kräftig.

Vielleicht stellst du dabei fest, dass es dich irgendwo kneift, weil du falsch gelegen hast. Und du ärgerst dich darüber und schimpfst. Dabei gebrauchst du Wörter, die man besser nicht benutzen sollte. Ähnlich ist es beim Computer: Passt ihm etwas nicht, zeigt er auf dem Bildschirm eine Meldung an. Die Art, wie er dabei meckert, versteht aber wirklich nicht jeder.

Normalerweise muss man die Meldungen, die da auf dem Bildschirm erscheinen, nicht beachten. Piepst der Computer aber mehrmals laut und steht auf dem Bildschirm irgendetwas mit »Error« (= Fehler), dann ist wirklich etwas nicht in Ordnung.

> Wenn du den Eindruck hast, dein Computer ist bei einer Anzeige steckengeblieben und reagiert nicht mehr, dann kannst du es mit einem Neustart versuchen. Klappt das nicht, musst du jemanden um Rat fragen.
>
> Kennt dieser Jemand sich aus, dann kann er womöglich den Fehler selbst beheben. Ansonsten sollte er die Fehlermeldung aufschreiben und sich z.B. an den Händler wenden, bei dem der Computer gekauft wurde.

EIN SCHREIBTISCH AUF DEM BILDSCHIRM

Es kann schon ein paar Minuten dauern, bis der Computer endlich bereit ist. Das hängt davon ab, wie schnell dein PC ist. (So mancher Computer schafft das in weniger als einer Minute.)

Möglicherweise erkennst du zwischendrin unter anderem das Wort »Windows«, auf das ich später noch zurückkomme. Hier aber sollst du schon wissen, dass Windows ein System ist, ohne das der Computer so gut wie nichts kann. Man nennt ein solches System, das für den Computer-Betrieb sorgt, **Betriebssystem**.

> Das Erste, was dich normalerweise erwartet, ist ein Anmeldefenster. Das muss nicht so aussehen wie hier, ist aber irgendwie ähnlich.
>
>
>
> Ehe du überhaupt mit Windows arbeiten kannst, musst du dich nämlich erst einmal ausweisen. Das geschieht mit einem **Kennwort** (englisch Password).
>
> Das legst du fest, wenn Windows installiert oder zum allerersten Mal gestartet wird. Dabei wirst du auch nach einem Benutzernamen gefragt. (Den und dein Kennwort kannst du beliebig oft ändern.)
>
> Dein Kennwort darfst du nicht vergessen, sonst wirst du von Windows ausgesperrt. Am besten, du schreibst es dir auf und versteckst diesen Zettel irgendwo, möglichst weit weg von deinem PC. (Aber merke dir dieses Versteck.)
>
> Alternativ kannst du auch ein Bild festlegen, auf dem du mit Gesten Windows entsperren kannst: Dazu müssen mit dem Finger oder der Maus Kreise, Striche oder Punkte auf den Bildschirm gezeichnet werden.

Was du schließlich auf dem Bildschirm siehst, ist eine farbige Fläche. Je nachdem, wie Windows eingerichtet wurde, erwartet dich jetzt eine von diesen beiden Oberflächen:

Entweder du siehst lauter neben- und untereinander angeordnete Kacheln (englisch Tiles), so ähnlich wie hier:

Oder ganz unten ist eine Leiste und auf der Fläche darüber liegen ein paar oder sogar viele Symbole. Das nennt man **Desktop**. Die Idee, die dahintersteckt, ist die Nachahmung der Verhältnisse auf einem Schreibtisch. Das englische Wort »Desktop« heißt nämlich auf Deutsch so viel wie »das Obere vom Schreibtisch« oder einfach »Schreibtischplatte«.

Während bei den »großen« Computern fast nur Windows im Einsatz ist, herrscht auf dem Smartphone vor allem das Betriebssystem **Android**. Dort kann es dann auf dem kleinen integrierten Bildschirm (Display) so oder ähnlich aussehen:

Wahrscheinlich sieht es bei dir nicht so aus wie in den Abbildungen da oben. Denn jeder richtet sich seinen PC nach seinen Wünschen ein, jeder installiert andere Programme. Das aber ist in der Regel mindestens auf dem Bildschirm zu sehen:

◆ beim Kachelfeld je eine Schaltfläche für die wichtigsten **Anwendungen** auf deinem PC.
◆ beim Desktop je ein Symbol für den **Computer** und den **Papierkorb**.

Beide Oberflächen haben ihre Vorteile:
◆ Das Kachelfeld benutzt du, wenn der Bildschirm deines Computers auf Berührung reagiert, z.B. das Tippen oder Wischen mit den Fingern.
◆ Der Desktop ist praktischer, wenn dein Bildschirm nicht auf Berühren reagiert.

Für das Öffnen eines Menüs mit Kacheln kannst du eine Taste auf deiner Tastatur (unten links) benutzen, auf der du das Windows-Symbol siehst:

Mehr erzähle ich dir später. Jetzt wollen wir erst einmal etwas mit den Kacheln oder Symbolen anstellen. Voraussetzung ist dazu ein PC mit Tastatur (und Maus).

DIE SACHE MIT DER MAUS

Ganz zu Anfang dieses Kapitels habe ich behauptet, der Computer besteht aus mindestens drei Teilen. Bei einem Teil, dem Bildschirm, muss man unterscheiden, ob dessen Fläche berührungsempfindlich ist oder nicht.

Anfassen oder mit den Fingern darüberstreichen kann man bei jedem Bildschirm, aber nur ein sogenannter **Touchscreen** empfindet Berührungen als Signale. Computer mit Touchscreen schauen wir uns später an.

Beschäftigen wir uns zuerst mit einem Computer, dessen Bildschirm normal ist, der also eine Berührung (englisch: Touch) nicht spürt. Dann brauchen wir eine **Maus** als ein weiteres Teil, sozusagen Teil Nummer 4.

So wie eine echte Maus sieht sie eigentlich nicht aus. Aber irgendwie erinnert sie doch daran: Man kann mit ihr über den Bildschirm huschen und hier und dort etwas aufpicken.

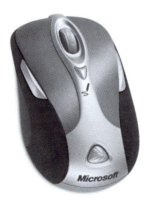

Na ja, das stimmt natürlich so nicht, was ich geschrieben habe (klingt aber ganz gut). In Wahrheit kann man die Maus auf einer Unterlage hin- und herschieben. Und dazu bewegt sich dann ein kleiner Pfeil auf dem Bildschirm, der **Mauszeiger**. (Manche sagen dazu auch **Mauscursor**.)

Wenn du genau hinschaust, kannst du auf dem Desktop einen kleinen weißen Pfeil entdecken.

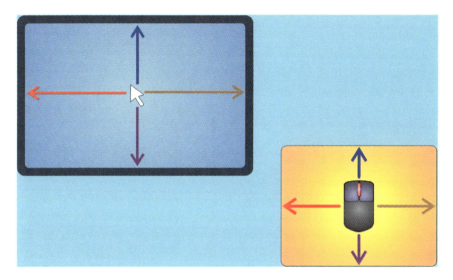

≫ Schiebe die Maus hin und her und beobachte, wie sich der Mauszeiger auf dem Desktop mitbewegt. Du kannst auch deine Maus über den Bildschirm jagen, solange du Lust hast.

Wie funktioniert das eigentlich: mit der Maus den Pfeil auf dem Bildschirm bewegen? Um das zu verstehen, musst du die Maus mal auf den Rücken legen.

Statt vier Beinchen schaut dir eine Rollkugel entgegen. Wenn die Maus bewegt wird, rollt diese Kugel mit. Oder es gibt bei deiner Maus gar keine Kugel. Dann hast du es mit einer sogenannten optischen Maus zu tun.

Solche Mäuse haben sich inzwischen immer mehr durchgesetzt. Hier ist eine eingebaute Lichtquelle mit im Spiel: Die Mausbewegungen werden durch einen Fotosensor gemessen. Optische Mäuse funktionieren auch, wenn sie verschmutzt sind.

Du kannst mit der Maus den Mauszeiger so verschieben, dass er auf ein Symbol oder eine Kachel zeigt. Oder auf irgendetwas anderes. Diesen Vorgang nennt man **Zeigen** mit der Maus.

≫ Zeige mit der Maus nacheinander auf die Kacheln oder Symbole, die du auf dem Desktop siehst.

Viele Mäuse haben zwischen den beiden Tasten noch ein kleines Rädchen, das man als **Scrollrad** bezeichnet. Damit kann man recht schnell über angezeigte Seiten mit Texten oder Bildern flitzen. Oder man vergrößert oder verkleinert ein angezeigtes Objekt. (Jeweils abhängig vom Programm, das man gerade benutzt.)

DER MAUSKLICK

Klicken mit der Maus heißt, eine **Maustaste** drücken. Die meisten Mäuse haben zwei Tasten. Ein Druck auf eine Maustaste nennt man auch kurz **Mausklick**.

Drücken kann man natürlich auf jede Maustaste und sogar auf beide gleichzeitig. Die meiste Zeit aber drückt man (mit dem Zeigefinger) auf die linke Maustaste. Wenn ich also nur von Mausklick schreibe, meine ich damit immer die **linke** Maustaste.

≫ Probiere den Mausklick doch gleich mal aus: Klicke mit der Maus auf eine Kachel oder ein Symbol.

Bei einem Mausklick verfärbt sich ein Symbol. Man sagt: Das Symbol wird **markiert**.

Anders bei einer Kachel: Wenn du darauf klickst, ist das so, als würdest du damit etwas anschalten. In einem Fall startest du ein Programm oder du öffnest ein Fenster. Klickst du auf die Kachel mit dem Text DESKTOP, dann wechselst du vom Kachelfeld zum Desktop mit den Symbolen.

Mit einem Mausklick kann man also dem Computer eine Anweisung geben: Dann markiert er z.B. ein Symbol oder er aktiviert ein Programm oder öffnet ein Fenster. Dass man mit Mausklicks noch mehr kann, erfährst du im Laufe dieses Buches. (Wir sind ja erst im Anfangskapitel.)

DER DOPPELKLICK

Eine besondere Art des Mausklicks ist der **Doppelklick**. Während du dir normalerweise beim Klicken Zeit lassen kannst, kommt es beim Doppelklick auf Geschwindigkeit an:

1. Zeige mit der Maus auf etwas.

2. Drücke zweimal schnell hintereinander die linke Maustaste.

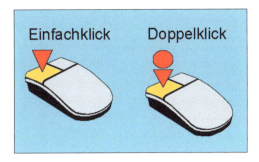

Fertig ist der Doppelklick.

Probieren wir das gleich mal aus! Mal sehen, was passiert, wenn man auf ein Symbol doppelklickt.

≫ Suche das Symbol für »Papierkorb« und doppelklicke darauf.

Ein Fenster öffnet sich. Wie es darin aussieht, hängt von den Einstellungen deines Computers ab. Hier ein Beispiel:

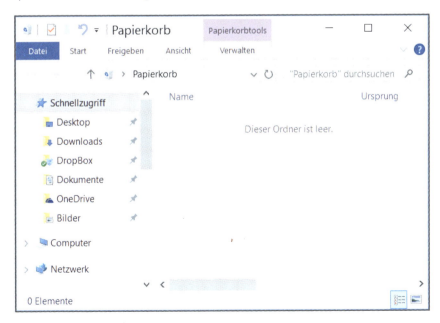

Wenn das Fenster nicht erscheint, dann hat das mit dem Doppelklick nicht geklappt. Versuche es noch einmal.

Manchmal fällt einem das Doppelklicken schwer. Ehe du in einer solchen Lage ständig auf der armen Maus herumhackst, solltest du's mal mit dieser Methode versuchen:

◇ Klicke nur einmal auf das Symbol.

◇ Drücke die Taste, auf der [Enter] steht. (Du findest sie auf deiner Tastatur ganz rechts unten.)

Diese Methode funktioniert allerdings nicht bei allen Operationen, für die eigentlich ein Doppelklick nötig ist. Aber hier klappt es.

≫ Klicke nun wieder auf das kleine dicke X ganz oben rechts im Papierkorb-Fenster:

Damit wird das Fenster wieder geschlossen.

MAL RECHTS, MAL LINKS

Bis jetzt hast du immerzu nur auf die linke Maustaste gedrückt. Probier's doch auch mal mit der **rechten** Taste. Denn wozu hat deine Maus zwei Tasten?

≫ Zeige mit der Maus auf eine freie Stelle auf dem Desktop. Dann drücke die rechte Maustaste (mit dem Mittelfinger).

Das nennt man auch Mausklick, aber damit es keine Verwechslungen gibt, sage ich immer dazu, dass es ein Klick mit der **rechten** Maustaste ist.

Mitten auf dem Bildschirm springt ein Menü auf, das sogenannte **Kontextmenü**. Das heißt so, weil du dort immer die Einträge findest, die zum angeklickten Objekt passen.

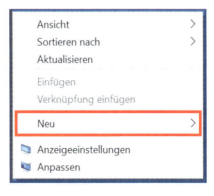

≫ Klicke dort jetzt mit der linken Taste auf NEU und dann im Menü daneben auf ORDNER.

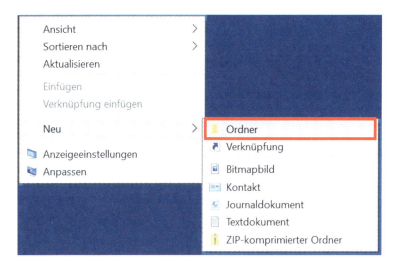

Und du hast ein neues Symbol auf dem Desktop erzeugt. Was ein »Neuer Ordner« ist, darüber erzähle ich dir etwas im 7. Kapitel.

Natürlich kannst du auch mit der **rechten** Maustaste einen **Doppelklick** ausführen. Bloß kenne ich im Moment kein Programm, das darauf anders reagiert als auf einen einfachen Klick mit der rechten Maustaste.

ZIEHEN MIT DER MAUS

Beim Klicken drückst du immer nur kurz auf eine Maustaste, dann lässt du die Taste wieder los. Was wäre denn, wenn man einfach die Taste weiter festhält und dabei die Maus bewegt?

≫ Drücke die linke Maustaste, halte sie gedrückt und bewege die Maus.

Nichts Auffälliges geschieht. Der Mauszeiger wandert genauso auf dem Desktop herum wie ohne gedrückte Taste. Aber wie beim Doppelklick könnte ja etwas passieren, wenn man es mit einem Symbol versucht?

≫ Zeige auf das Symbol für den Papierkorb. Dann drücke die linke Maustaste, halte sie gedrückt und bewege die Maus irgendwohin.

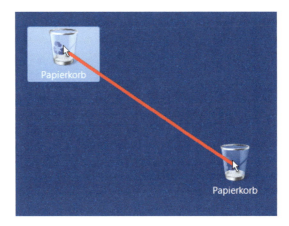

Nun hat sich das Symbol mitbewegt. Genannt wird das Ganze **Ziehen** mit der Maus.

Wie du siehst, sind beim Ziehen ein paar mehr Schritte nötig als sonst. Deshalb hier noch mal jeder Schritt im Einzelnen:

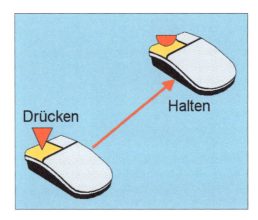

1. Zeige mit der Maus auf etwas.
2. Drücke die linke Maustaste und halte sie fest.
3. Bewege die Maus so lange, bis du eine Stelle auf dem Bildschirm gefunden hast, die dir passt.
4. Lasse die Maustaste wieder los.

> Auch mit der rechten Maustaste kann man etwas ziehen. Wenn du das bei einem Symbol ausprobierst, stellst du fest, dass auch hier das Symbol verschoben wird. Außerdem öffnet sich ein kleines Menü. Nun hast du unter anderem die Möglichkeit, ein Symbol zu verschieben oder zu kopieren.

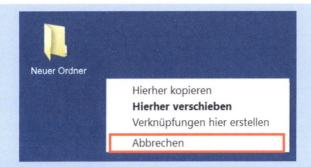

Klicke aber bitte jetzt auf ABBRECHEN.

Weil du an dieser Stelle noch nicht genau Bescheid weißt, was du mit dem Ziehen bewirkst, ist es besser, jetzt noch die Finger davon zu lassen! Später, mit einiger Erfahrung, wirst du auch lernen, damit umzugehen.

Dass man mit dem Ziehen mehr anstellen kann, als nur Symbole zu verschieben, wirst du im Laufe dieses Buches noch erfahren.

DAS MAUSRAD

Die beiden Tasten der Maus kennst du nun ausreichend gut, nun interessiert dich noch das Rädchen in der Mitte. Was passiert, wenn du das drehst? Das hängt von der gestarteten Anwendung ab. In der Regel gibt es zwei Einsatzmöglichkeiten für das **Mausrad**:

◇ Du vergrößerst oder verkleinerst damit ein Bild oder den Ausschnitt einer angezeigten Seite. Das ist die **Zoom**-Funktion.

◇ Du verschiebst einen angezeigten Ausschnitt nach oben oder unten, blätterst dich also von Seite zu Seite. Das ist die **Scroll**-Funktion.

Viele Mäuse bieten zusätzlich die Möglichkeit, auf dieses Rad zu drücken und damit eine Funktion ein- oder auszuschalten, etwa automatisches Blättern. Was genau das Mausrad bewirkt, probierst du am besten bei deinen Programmen selbst aus.

Willst du deiner Maus einen Gefallen tun, dann schenke ihr eine weiche Unterlage, auf der sie sich herumtummeln kann. Eine solche Mausunterlage nennt man auch **Mauspad**.

Bewegst du nämlich die Maus auf einer Schreibtischfläche, die ziemlich glatt ist, kann die Mauskugel nicht immer richtig rollen. Das siehst du daran, dass der Mauszeiger dann an einer Stelle hängen bleibt. Die raue Fläche einer Unterlage dagegen verbessert die Straßenlage deiner Maus erheblich.

Beim Herumkurven kann es schon mal vorkommen, dass deine Maus den Rand des Mauspads erreicht. Befindet sich der Mauszeiger dann irgendwo in der Mitte des Bildschirms, ist das ärgerlich. Um ihn weiterzubewegen, müsstest du mit der Maus das Mauspad verlassen.

In solch einer Situation hat deine Maus nichts dagegen, wenn du sie einfach mal anhebst und in die Mitte des Mauspads zurücksetzt. Nun hast du wieder genügend Spielraum, um die Maus hin und her zu bewegen.

ZUSAMMENFASSUNG

Deine wohlverdiente Pause musst du noch etwas verschieben, wenn du diesen kurzen Überblick mitbekommen willst.

Du weißt jetzt, dass ein Computersystem aus mindestens drei bis vier Teilen besteht: dem PC-Gehäuse, dem Bildschirm, der Tastatur und der Maus. Ist der Bildschirm ein Touchscreen, dann kannst du auf Tastatur und Maus verzichten und nur die Finger benutzen.

Dass sich über die Tastatur etwas eingeben lässt und der PC über den Bildschirm etwas ausgibt, ist dir nichts Neues.

Was man mit der Maus anstellen kann, zeigt diese Tabelle:

Zeigen mit der Maus	Verschiebe den Mauszeiger an eine bestimmte Stelle.
Klicken mit der Maus (1)	Zeige mit dem Mauszeiger auf etwas. Dann drücke die **linke** Maustaste. (Damit wird in der Regel eine Aktion ausgelöst.)
Klicken mit der Maus (2)	Zeige mit dem Mauszeiger auf etwas. Dann drücke die **rechte** Maustaste. (Damit wird in der Regel ein Kontextmenü geöffnet.)
Doppelklicken mit der Maus	Zeige mit dem Mauszeiger auf etwas. Dann drücke die **linke** Maustaste zweimal schnell hintereinander.
Ziehen mit der Maus	Zeige mit dem Mauszeiger auf etwas. Drücke die **linke** Maustaste und halte sie fest. Dann bewege die Maus.
Mit dem **Mausrad** zoomen oder scrollen	Drehe das Mausrad nach oben oder nach unten. (Es lässt sich auch einrasten.)

2 KLICKEN, TIPPEN, ZIEHEN: EIN SYSTEM IM BETRIEB

Einen Computer zum Laufen zu bringen, ist nicht schwer. Noch schneller geht es bei Tablets und ihren kleinen Geschwistern, den Smartphones. Alle brauchen ein Betriebssystem, aber nicht zu allen passt die gleiche Arbeitsoberfläche. Windows bietet mit der Kachel- und der Desktop-Ansicht für jeden etwas. Wir beschäftigen uns hier erst mit dem »Schreibtisch« von Windows und seinen Fenstern. Dann schauen wir mal, was sich mit den Fingern auf Bildschirmen anfangen lässt, die berührungsempfindlich sind.

IN DIESEM KAPITEL LERNST DU

- wie man mit Fenstern umgeht,
- etwas über Symbole,
- etwas über Touchpads und Touchscreens,
- einiges über Fingergesten,
- wie du die Arbeit am Computer beendest.

WAS IST AUF DEM DESKTOP?

Über die Maus weißt du jetzt eine ganze Menge. Unter anderem hast du damit auf ein paar Symbole geklickt. Jetzt willst du aber endlich wissen, was diese Dinger bedeuten. Dabei beschränke ich mich auf die zwei Symbole für Computer und Papierkorb.

DIE TASKLEISTE

Zuerst schauen wir uns die Leiste an, die wie ein Fenstersims unten am Desktop hängt. Oder wie eine Treppenstufe. Links sitzt ein Symbol, das aussieht wie ein Fenster. Ein Klick darauf öffnet ein Menü. Dabei ist es wichtig, ob du auf die linke oder rechte Maustaste drückst:

Bei einem **Links-Klick** öffnet sich das sogenannte Start-Menü, das so oder ähnlich aussieht:

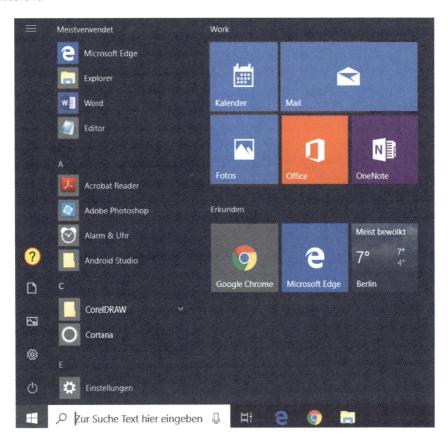

Hier sind in der Regel oben die Programme oder Anwendungen (kurz: Apps) aufgelistet, die du am meisten benutzt. Darunter folgt dann eine Liste von allem, was auf deinem Computer so installiert ist.

Ein ganz anderes Menü, das nicht so bunt, sondern einfach aussieht, öffnet sich bei einem **Rechts-Klick**:

Hiervon solltest du erst mal die Finger lassen, wenn du Anfänger bist. Das klingt jetzt schlimmer als es ist: Natürlich kannst du auf jeden Eintrag klicken, um mal zu sehen, was sich dahinter verbirgt. In der Regel öffnet sich ein Fenster, das du aber dann lieber wieder schließen solltest – es sei denn, du weißt genau, was du damit anfangen kannst.

Springen wir jetzt in der Taskleiste mal ganz nach rechts: Dort sind einige Informationshinweise zu finden, oft auch in Form von (kleinen) Symbolen, unter anderem auch Uhrzeit und Datum. Und wenn du mit der Maus darauf zeigst, bekommst du sogar den Wochentag zu sehen. Und mit einem Mausklick öffnest du einen kleinen Kalender mit Uhr.

KAPITEL 2 KLICKEN, TIPPEN, ZIEHEN: EIN SYSTEM IM BETRIEB

Wenn der Computer ein Programm ausführt oder eine andere Aufgabe bearbeitet, dann nennt man das Task. Daher heißt die ganze Leiste auch **Taskleiste**. Denn wenn du mehrere Programme gestartet hast, findest du dort deren Symbole.

 Weil ein Programm auch Anwendung genannt wird und das englische Wort dafür **Application** ist, wird inzwischen oft auch die Abkürzung **App** für Anwendungen (vor allem auf Tablets und Smartphones) verwendet.

DER COMPUTER ALS ARBEITSPLATZ

Arbeitsplatz, sah aber schon immer aus wie ein Computer. Wenn du mit einem Doppelklick auf dieses Symbol das zugehörige Fenster öffnest, wird dort angezeigt, was dein PC alles zu bieten hat.

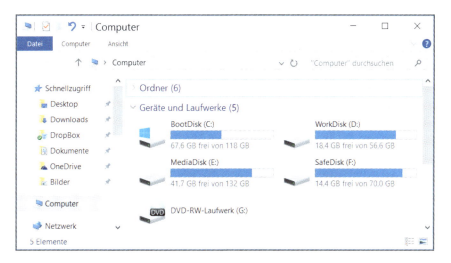

In der Regel sind das die Laufwerke oder Datenträger, die im Computer eingebaut oder am Computer angeschlossen sind. Diese sind dazu da, um z.B. Programme, Texte, Bilder zu speichern. Von einer CD oder DVD kann man Spiele oder Videos starten oder Musik hören.

Im Grunde genommen ist also das Computer-Fenster im Augenblick noch nichts, wo man etwas ausprobieren sollte. Du kannst das Fenster wieder schließen, indem du auf das X klickst (ganz oben rechts in der Fensterecke).

Nicht bei jeder Windows-Version wird das Symbol für den Computer automatisch eingerichtet. Auch heißt es manchmal anders (z.B. »Mein PC« oder »Arbeitsplatz«) und kann auch anders aussehen.

DER PAPIERKORB

Wie der Name sagt, gehört hier das Papier hinein, das man wegwerfen will. Beim papierlosen Computer sind das Daten und Programme, kurz: alles, was gelöscht werden soll. Man hätte das Ding also auch Abfallkorb oder Mülleimer nennen können.

Wenn man auf das Symbol für den Papierkorb doppelklickt, öffnet sich ein Fenster. Das zeigt an, was sich gerade im Papierkorb befindet. Wie bei einem echten Papierkorb kann man hier etwas auch wieder herausholen, was man weggeworfen hat.

Du erkennst übrigens schon am Symbol, ob der Papierkorb gerade leer ist oder nicht (wobei das bei dir anders aussehen kann als hier):

Wenn du im letzten Kapitel ein Symbol mit dem Namen »Neuer Ordner« angelegt hast, ist jetzt die Gelegenheit, es wieder verschwinden zu lassen.

≫ Ziehe das Ordner-Symbol auf das Symbol für den Papierkorb.

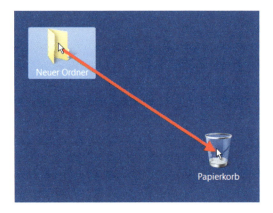

Sobald du die Maustaste wieder loslässt, ist das Ding verschwunden.

Lassen wir den Papierkorb jetzt erst mal in Ruhe. Wir werden im 6. Kapitel ein bisschen darin herumwühlen.

NOCH MEHR SYMBOLE?

Wahrscheinlich sind auf dem Desktop deines Computers noch eine ganze Reihe mehr Symbole zu sehen. Du kannst darauf zeigen oder klicken. Einen Doppelklick würde ich dir im Moment jedoch nicht empfehlen. (Und sollte der Mauszeiger mal zur **Hand** werden, lieber auch nicht nur einmal darauf klicken.)

Einige der Symbole sind wahrscheinlich für Programme bzw. Anwendungen (Apps), die dann gestartet werden. Gehört der Computer nicht dir, könnte dir das vielleicht Ärger mit dem Besitzer einbringen. Wenn du aber noch bis zum nächsten Kapitel wartest, weißt du auch, wie man damit umgehen kann.

KEIN HAUS OHNE FENSTER

Damit ein Computer überhaupt funktionieren kann, braucht er ein **Betriebssystem**. Was ist ein solches System? Einfach ausgedrückt: ein großes Programm, das dafür sorgt, dass alle Teile im Computer richtig zusammenarbeiten.

Das Betriebssystem der meisten Computer heißt **Windows**. Warum ausgerechnet Windows? »Window« ist das englische Wort für »Fenster«.

≫ Doppelklicke jeweils auf die Symbole für den Computer und für den Papierkorb.

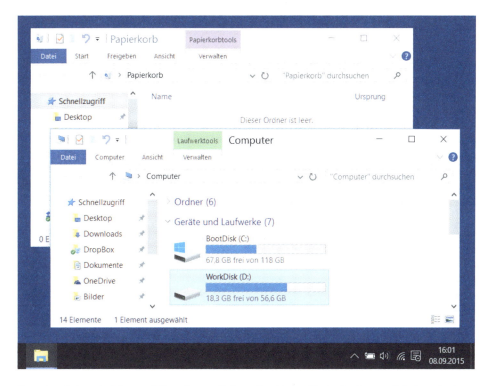

Nun hast du gleich zwei Fenster auf dem Desktop. Und ein Doppelklick auf eines der Symbole für Geräte oder Laufwerke (wie z.B. Festplatte, CD/DVD) würde weitere Fenster öffnen.

Weil das Betriebssystem, das du gerade benutzt, viel mit Fenstern zu tun hat, haben seine Erfinder ihm den Namen Windows gegeben.

Wenn der Computer eingeschaltet wird, denkt er erst einmal gar nicht an das Betriebssystem. Eigentlich wartet er nur, bis ihm jemand sagt, was er nun tun soll.

Das regelt ein kleines Startprogramm, das in einem Speicher eingebaut ist. In der Computerfachsprache heißt dieses Programm BIOS. Das ist die Abkürzung für »Basic Input Output System« und heißt zu Deutsch so viel wie: »Basissystem für Ein- und Ausgabe«. Dieses System hilft dem Computer dabei, sich selbst und die angeschlossenen Geräte zu überprüfen.

Ist alles in Ordnung, wird das Betriebssystem gestartet. Bei den meisten PCs ist das Windows, hergestellt von der Firma Microsoft.

Daneben gibt es eine andere Computerfamilie, die von der Firma Apple hergestellt wird. Die haben ein eigenes Betriebssystem namens OS X. Für PCs und andere Computer gibt es mit **Linux** ein auch recht verbreitetes Betriebssystem, das in seiner Leistung durchaus mit Windows vergleichbar ist.

Und für Smartphones und Tablets gibt es **Android** von Google, iOS von Apple und einige andere Betriebssysteme, die auf kleine Displays und vor allem auf den Umgang mit Fingergesten abgestimmt sind. Das aktuelle Windows von Microsoft gibt es auch in einer Mobile-Version (nur mit Kacheln und ohne Desktop).

Das Betriebssystem verwaltet alles, was im Computer geschieht, während du damit arbeitest. Es passt auch auf, ob irgendwelche Probleme auftreten. Dann versucht es, dir so gut wie möglich dabei zu helfen, diese Probleme zu lösen. Das klappt nicht immer, wie du feststellen wirst. Denn auch ein Betriebssystem wie Windows hat seine eigenen Fehler.

Es ist nämlich sehr kompliziert, ein solches System zu programmieren. Außerdem gibt es leider immer mehr Firmen, die Programme schon verkaufen, wenn sie noch gar nicht fertig entwickelt sind. Dann werden die Fehler gesammelt, die auftreten, und man kann sich nachträglich eine verbesserte Version dieser Programme besorgen. Das gilt auch für Windows.

Was genau soll ein Betriebssystem leisten?

- ◇ Es soll Laufwerke und Speichermedien verwalten, die am Computer angeschlossen sind. (Darüber etwas später mehr, sogar ein ganzes Kapitel lang.)
- ◇ Es soll dafür sorgen, dass eine Tastatur richtig funktioniert. (Über Tasten schreibe ich im 3. Kapitel.)
- ◇ Es soll sich darum kümmern, dass die Anzeige auf dem Bildschirm klappt. Bei entsprechend geeigneten Bildschirmen (Touchscreens) soll es Berührungen erkennen und auswerten können.
- ◇ Es soll das Ausdrucken von Texten und Bildern regeln.
- ◇ Man soll einfach damit umgehen können, auch wenn man noch Anfänger ist.

Das ist natürlich nicht alles, denn ein Betriebssystem sollte schon noch zu manchem mehr fähig sein. Und Windows hat auch noch einiges zu bieten. Aber darüber kann ich auch später noch etwas erzählen.

EIN FENSTER SCHLIEßEN

Wo wir gerade bei den Fenstern sind, sollten wir bei einem mal näher hinschauen. Nehmen wir uns gleich das Computer-Fenster vor. Das Papierkorb-Fenster ist uns also jetzt im Weg.

≫ Schließe das Fenster für den Papierkorb.

Jedes Fenster lässt sich auf die gleiche Weise schließen: Klicke einfach auf die kleine Schaltfläche mit dem X. Sie befindet sich immer ganz oben rechts in der Fensterecke.

In früheren Windows-Versionen sah diese Schaltfläche aus wie ein eckiger Knopf.

EIN FENSTER VERGRÖẞERN UND VERKLEINERN

Daneben sind noch zwei andere Symbole. Die wollen wir auch mal ausprobieren.

≫ Klicke auf das mittlere Symbol (also das Quadrat):

Und schwupp füllt das zuerst recht kleine Computer-Fenster den ganzen Desktop. Wenn du noch mal darauf klickst, machst du das Ganze wieder rückgängig. Dann ist das Fenster wieder so groß wie vorher.

Wenn in einem Fenster so viel steckt, dass man gar nicht alles auf einmal sieht, dann ist es sinnvoll, das Fenster durch Mausklick auf den mittleren Knopf so weit wie möglich zu vergrößern. Anschließend lässt sich mit einem Klick auf denselben Knopf die vorige Größe wiederherstellen.

≫ Klicke auf das linke der drei Symbole (den Strich). Und weg ist das Fenster.

≫ Um das Fenster wiederherzustellen, klickst du auf die Schaltfläche unten in der Taskleiste.

Und das Fenster öffnet sich wieder. (Und du weißt jetzt, wozu dieses Symbol in der Taskleiste gut ist.)

TOUCHPAD ODER TOUCHSCREEN?

Damit man bei einem Notebook die Maus nicht mitschleppen muss, wenn man das Gerät transportiert, gibt es direkt unter der Tastatur ein kleines Feld mit zwei Tasten.

Das ist ein so genanntes **Touchpad**. Es reagiert, wenn du mit dem Finger darauf hin und her fährst, der Mauszeiger bewegt sich ebenso wie mit der Maus gesteuert.

> Lege deinen Finger auf das Pad, bewege ihn hin und her und beobachte, wie sich der Mauszeiger auf dem Desktop mitbewegt. Auch hier kannst du nach Belieben verfahren. Wenn du mit dem Finger kräftig auf das Touchpad tippst, kann das bei vielen Notebooks wie ein Mausklick verstanden werden.

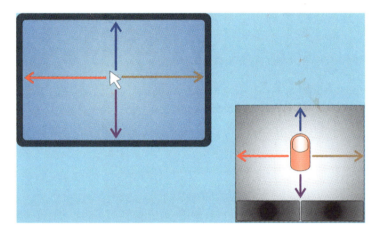

Irgendwann kam man auf die Idee, auf ein Extra-Pad zu verzichten und gleich den ganzen Bildschirm für Berührungen empfindlich zu machen. Der **Touchscreen** entstand.

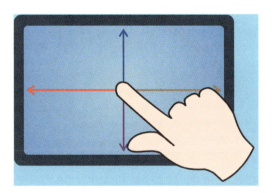

TOUCHPAD ODER TOUCHSCREEN?

Ein Symbol wie ein Mauszeiger ist hier nicht mehr nötig. weil hier dein Finger die aktuelle Position anzeigt.

Weil Finger aber nicht so sensibel sind wie eine Maus, musste man neue Gesten entwickeln. Man kann mit einem Finger auf einem Touchscreen zeichnen wie mit einer Maus, man kann sogar damit schreiben, aber das Ganze ist alles etwas grober. Du kannst das selbst mit einem Tablet oder Smartphone ausprobieren.

Während ein Notebook aus drei Teilen besteht, sind es bei einem **Tablet** nur zwei: der eigentliche Computer und der Bildschirm (Display), der oben auf dem Gehäuse sitzt. Damit man dort einen Text eintippen kann, lassen sich auf dem Bildschirm Tasten darstellen, auf die man dann tippt.

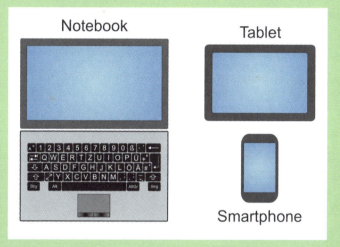

Das **Smartphone** ist nicht nur ein verkleinertes Tablet, es bietet zusätzlich die Möglichkeit zum Telefonieren.

TIPPEN UND WISCHEN

Von den beiden »Gesichtern«, in denen Windows erscheint, ist für einen Computer mit Tastatur und Maus die Desktop-Ansicht die beste, bei den Tablets und Smartphones dagegen passt die Kachel-Ansicht (bzw. der Tablet-Modus) besser. Auch hier kann man die Maus benutzen, besser kommt man mit den Fingern zurecht – vorausgesetzt, das Display kann damit etwas anfangen.

Wie geht das mit den Fingern? Zuerst einmal kennst du eigentlich schon das **Tippen**. Das ist so, als würdest du mit der Maus auf etwas zeigen und dann die linke Taste drücken, also wie ein Mausklick.

Tippst du auf eine Kachel, dann wird etwas gestartet, z.B. ein Programm (auch App genannt).

Das Tippen entspricht dem Drücken auf die **linke** Maustaste. Wenn du mit dem Finger auf eine Stelle drückst und ihn eine Weile gedrückt hältst, dann entspricht das dem Drücken auf die **rechte** Maustaste.

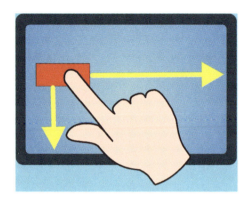

Wie aber ist es mit dem **Wischen**, auch **Swipen** genannt?

1. Lege den Finger auf eine Kachel oder eine Markierung.
2. Fahre mit dem Finger auf dem Bildschirm entlang, bis du eine Stelle auf dem Bildschirm gefunden hast, die dir passt.
3. Hebe den Finger vom Bildschirm ab bzw. hoch.

Mit Wischgesten lassen sich z.B. Seiten blättern oder Ausschnitte eines angezeigten Textes oder Bildes ändern. Aber auch Apps können damit geschlossen und Daten gelöscht werden.

 Wie schon erwähnt, gibt es außer Windows noch andere Betriebssysteme, die bei Smartphones und Tablets weit verbreitet sind: **Android** von **Google** und **iOS** von **Apple**. Allen gemeinsam ist, dass sie mit Tipp- und Wischgesten arbeiten. Allerdings hat jedes System seine eigenen Regeln: Du musst also bei deinem Gerät ausprobieren, welche Geste welche Wirkung hat.

Oft gibt es bei Smartphones (und Tablets) außerhalb des Bildschirms zusätzliche Tasten. Andere liegen meist unten am Rand des Touchscreens. Diese werden von jedem Smartphone-Hersteller nach seinen Vorstellungen belegt.

SPREIZEN UND ZOOMEN

Gerade bei kleineren Displays kann angezeigter Text oder ein Bild zu klein sein. Dann wäre es hilfreich, etwas heranzuzoomen, um es zu vergrößern. Oder um es später wieder zu verkleinern. Ein Finger allein aber reicht da nicht. Deshalb nimmst du zwei:

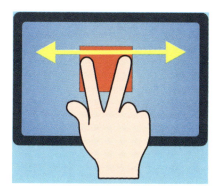

1. Lege Zeige- und Mittelfinger aneinander.
2. Setze sie auf die Fläche, die du vergrößern (oder verkleinern) willst.
3. Spreize die beiden Finger auf der Bildschirmfläche.
4. Ziehe die Finger vom Bildschirm zurück.

Man nennt das auch **Pinchen**. Wenn nötig, kannst du das mehrmals wiederholen. Umgekehrt geht das natürlich auch. Dazu musst du die beiden Finger in der Luft spreizen und dann auf dem Bildschirm zusammenziehen.

Nicht für alle Aktionen mit der Maus gibt es genaue Entsprechungen für die Finger und umgekehrt. Manche Anwendungen reagieren auch mal verschieden auf Maus oder Finger. In der Regel muss man einfach ausprobieren, wie was funktioniert. Einige Entsprechungen findest du hier:

Die linke Maustaste drücken	Mit dem Finger tippen
Die rechte Maustaste drücken	Den Finger drücken und halten
Mit der Maus doppelklicken	Mit dem Finger zweimal tippen
Mit der Maus ziehen	Mit dem Finger wischen
Das Mausrad drehen	Zwei Finger spreizen oder zusammenziehen; mit dem Finger wischen

Wie sehr sich diese Aktionen entsprechen, hängt nicht zuletzt von der Anwendung ab, die du gerade verwendest.

SCHLUSS MACHEN UND ABSCHALTEN

Wenn du genug herumprobiert hast, möchtest du dir und deinem Computer sicher auch mal eine Ruhepause gönnen. Am schnellsten geht das, indem du das Gerät einfach ausschaltest.

Aber nicht jeder Computer mag es, wenn man ihm den Strom abdreht, ohne dass er vorher ein bisschen aufgeräumt hat. Und wenn er sich schon schlafen legen soll, dann lasse ihm wenigstens die Möglichkeit, sich sein Bett zurechtzumachen.

Du musst dazu nicht mehr tun, als deinem PC zu sagen, dass du jetzt aufhören willst. Den Rest erledigt er selbst.

> In der Regel fährt man das System gar nicht komplett herunter, sondern versetzt es nur in einen Wartezustand. Dabei gibt es diese zwei Möglichkeiten:
>
> ◇ Im Energiespar- oder **Standby**-Modus: wird der Arbeitsspeicher weiter mit Strom versorgt, damit das, was du zuletzt am Computer gemacht hast, erhalten bleibt. Alles andere wird abgeschaltet. Beim Aufwachen bist du wieder da, wo du vorher aufgehört hast.
>
> ◇ Der **Ruhezustand** verlangt etwas mehr: Hier werden alle Daten deiner aktuellen Arbeit aus dem Arbeitsspeicher auf einem Speichermedium gesichert. Dann wird alles komplett abgeschaltet. Nach dem Wiederanschalten landest du da, wo du zuletzt warst.
>
> Bei Tablets oder Smartphones wird oft der Standby-Modus bevorzugt. Hier ist der Computer sofort nach dem Anschalten wieder bereit. Der Start aus dem Ruhezustand dauert einige Zeit. Dafür wird hier keinerlei Strom verbraucht, während der Standby-Modus nur so lange funktioniert, bis der Akku deines Computers leer ist.

Wird der PC komplett heruntergefahren, dauert ein Neustart am längsten. Doch das ist hin und wieder nötig, auch weil zum Beispiel neu installierte Programme (Apps) dann erst richtig ins System integriert sind.

≫ Wenn du den PC abschalten willst, dann klicke mit der Maus links unten auf das Symbol mit dem Fenster. Damit öffnest du das Start-Menü. (Weshalb das Symbol auch Start-Symbol genannt wird.)

≫ Klicke dort links ganz unten auf das Symbol für Ein/Aus.

SCHLUSS MACHEN UND ABSCHALTEN

In dem kleinen Menü, das sich auftut, kannst du nun zwischen Energiespar-Modus, komplett Herunterfahren oder einem Neustart wählen.

> Klickst du mit der rechten Maustaste auf das Start-Symbol, dann bekommst du ja ein anderes Menü. Aber auch dort kannst du unter dem Eintrag HERUNTERFAHREN ODER ABMELDEN ein kleines Menü mit den obengenannten Optionen öffnen.
>
>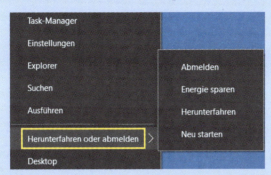
>
> Steht da auch der Eintrag ABMELDEN, dann bedeutet das: Wenn mehrere Benutzer für diesen Computer eingerichtet sind, kann sich einer abmelden und später ein anderer anmelden.

» Hast du ein berührungsempfindliches Display oder bist du im Tablet-Modus, dann tippst du ganz unten links auf das **Ein-Aus**-Symbol (in dem ein senkrechter Strich einen Kreis »zerschneidet«).

Auch hier bekommst du ein Menü, über das du Windows beenden kannst.

Und nun hat der Computer seine Ruhe. Und die solltest du ihm auch gönnen. Dafür ist er dann für die nächsten Aufgaben besser ausgeschlafen.

ZUSAMMENFASSUNG

Wir machen jetzt eine weitere Verschnaufpause, in der wir erst einmal sammeln, was du hier kennengelernt hast.

Alternativ oder zusätzlich zur Maus kennst du diese Fingergesten:

Tippen mit dem Finger	Drücke mit dem Finger **kurz** auf eine Stelle auf dem Bildschirm.
Den Finger **gedrückt halten**	Drücke mit dem Finger **lang** auf eine Stelle auf dem Bildschirm.
Wischen mit dem Finger (Swipen)	Lege den Finger an eine Stelle, dann schiebe ihn (gerade oder in einem Bogen) über den Bildschirm.
Spreizen mit zwei Fingern (Pinchen)	Lege zwei Finger zusammen an eine Stelle und spreize sie dann. Oder lege die Finger gespreizt auf und ziehe sie zusammen.

Du kannst dir etwas unter Symbol und Fenster vorstellen und hast auch von diesen Begriffen gelesen:

Desktop	Der größte Teil des Bildschirms als Arbeitsfläche. Dient sozusagen als Schreibtischplatte des Computers.
Taskleiste	Eine Leiste ganz unten am Desktop-Rand, in der sich Symbole und die Uhr befinden.
Computer	Dort findest du Informationen unter anderem über Laufwerke.
Papierkorb	Ein Behälter für alles, was du wegwerfen willst
Kachel (Tile)	Ein Symbol für eine Applikation (App)

Desktop-Symbole werden durch einen Doppelklick mit der Maus (oder doppeltes Tippen) aktiviert, für Kacheln genügt ein einfacher Mausklick oder das Tippen mit einem Finger.

Schon im nächsten Kapitel gibt's mehr davon. Da kannst du im Umgang mit einem Programm auch die Tastatur näher kennenlernen.

3 DER PC BEKOMMT ZU TUN: EINGABE UND AUSGABE

Nachdem du deinen künstlichen Schreibtisch auf dem PC kennengelernt hast, werden wir in diesem Kapitel daran etwas arbeiten. Unter anderem geht es dabei auch um das Schreiben. Dazu musst du natürlich wissen, wie man das passende Programm dafür startet.

Mit der Maus warst du im letzten Kapitel unterwegs, hier hast du nun die Möglichkeit, kräftig auf deiner Tastatur herumzuhacken. Trotzdem bekommt auch die Maus noch einiges zu tun.

Im Umgang mit einem einfachen Textprogramm erfährst du einiges darüber, wie bei deinem PC die Eingabe und Ausgabe von Daten abläuft.

Willst du hier einen tastaturlosen Computer mit Touchscreen benutzen, wird die ganze Sache etwas schwieriger. Denn wenn es um Text geht, sind mechanische (also »echte«) Tastaturen noch am schnellsten und bequemsten. Aber weil du auf einem Tablet oder Smartphone zumindest hin und wieder Text eingeben musst, solltest du dir auch dieses Kapitel einmal anschauen.

IN DIESEM KAPITEL LERNST DU

- wie du eine Anwendung startest,
- etwas über Menüleisten und Menüs,

- eine ganze Menge Tasten und ihre Bedeutung kennen,
- wie du Text eingibst und korrigierst,
- wie du Text speicherst.

EIN PROGRAMM STARTEN

Bevor du mit der Tastatur loslegen kannst, musst du erst einmal eine Anwendung (App) haben, die deine Tastendrücke auch zu würdigen weiß. Und das ist ein Textprogramm. Für unsere Übungen reicht der **Editor**, den Windows kostenlos zur Verfügung stellt. Ein ganz einfaches Programm, das allerdings nicht viel zum Gestalten von Text zu bieten hat.

An dieser Anwendung (App) kann man aber einiges kennenlernen, was unter Windows für sehr viele andere Programme auch gilt.

» Klicke auf die Schaltfläche mit dem Fenstersymbol (links unten in der Taskleiste), auch Start-Symbol genannt, und öffne damit das Start-Menü.

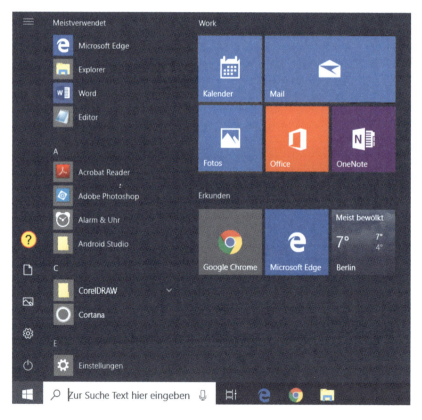

Die Liste mit den Apps ist alphabetisch geordnet.

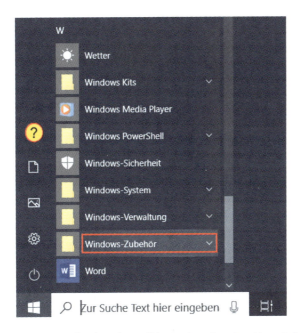

> Blättere weiter bis zum Buchstaben »W« und suche den Haupteintrag WINDOWS ZUBEHÖR. Rechts ist ein kleines Dreieckssymbol. Mit einem Klick öffnest du eine Liste von Programmen, die zum Windows Zubehör gezählt werden.

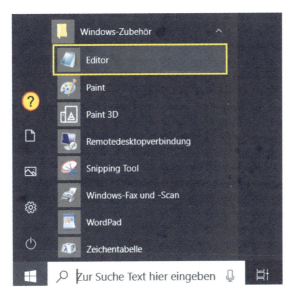

> Darunter findest du den Namen des gesuchten Programms: Klicke auf EDITOR.

> Wenn du ein Tablet benutzt (oder einen Touchscreen), dann tippst du auf das Menü-Symbol (mit den Strichen, links oben) und öffnest damit das Menü für ALLE APPS.

> Dann suche den Eintrag WINDOWS ZUBEHÖR und dort tippst du auf EDITOR.

Es dauert gar nicht lange, bis das Fenster des Editors auf dem Desktop erscheint.

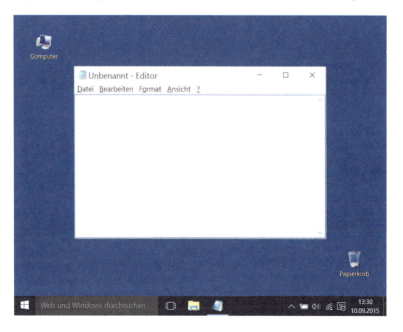

EIN PROGRAMM STARTEN

Und so werden Programme gestartet:
- In der Desktop-Ansicht klickst du (links unten) auf das Start-Symbol. In der Kachel-Ansicht tippst du (links oben) auf das Symbol für ALLE APPS.
- Dann suchst du nach dem Namen der Anwendung (App), die du benutzen willst, und klickst oder tippst darauf.

Der größte Teil des Fensters ist eine weiße Fläche. Das ist das **Textfeld**. In dem ist ganz links oben so ein kleiner blinkender Strich zu erkennen. Den nennt man **Textcursor**. Er zeigt dir die Stelle, an der du etwas eintippen kannst. Manche Leute nennen diesen Strich auch vornehm **Schreibmarke**.

Zusätzlich taucht der Mauszeiger diesmal nicht als Pfeil auf, sondern er ähnelt eher einer Fischgräte. Sobald du mit der Maus das Textfeld verlässt, siehst du auch den vertrauten Mauspfeil wieder.

Wenn dein Computer (wie z.B. ein Tablet) keine »richtige« Tastatur hat, benutzt du eine virtuelle Tastatur, auch Bildschirmtastatur genannt. Die lässt sich dann mit der Maus oder mit den Fingern bedienen.

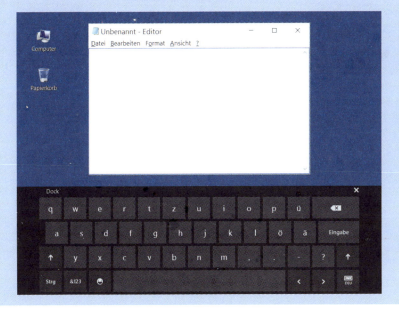

Ich arbeite im folgenden Teil des Kapitels mit echten Tasten und mit der Maus. Alles, was ich schreibe, bezieht sich also vorwiegend auf diese beiden Geräte.

VON MENÜS UND DIALOGEN

Bevor wir jetzt wild auf die Tastatur eintippen und das ganze Textfeld mit Zeichen füllen, wollen wir erst mal schauen, was da sonst noch zu sehen ist. Insgesamt ist das ein typisches Programmfenster. Das heißt, dass auch die Fenster anderer Programme so ähnlich aussehen wie das Editorfenster.

Ganz oben ist die sogenannte **Titelleiste**. Dort steht der Name der Anwendung und meist auch noch der Name der Sache, die man gerade bearbeitet. Also z.B. der Name eines Textes oder eines Bildes. Beim Editor heißt das Ding schlicht »Unbenannt«, weil du noch keinen Namen vergeben hast. (Eigentlich nicht schlimm, denn du hast ja nicht mal einen Text eingegeben.)

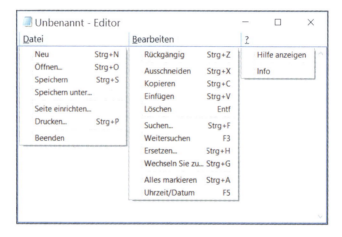

Direkt unter der Titelleiste hat sich die **Menüleiste** breitgemacht. In der stehen die Namen der Menüs, die dir zur Verfügung stehen.

Was genau ist ein **Menü**? Auch eine Art Fenster mit einer Liste drin, aus der man etwas auswählen kann.

Das sind die wichtigsten Menüs:

◇ Wenn du im DATEI-Menü einen Eintrag auswählst, kannst du etwas speichern oder laden (öffnen), etwas drucken oder mit etwas Neuem anfangen.

- Über das BEARBEITEN-Menü lassen sich Teile eines Textes ausschneiden und woanders wieder einfügen. Du kannst Textteile beliebig oft kopieren oder den Text ganz löschen. Außerdem kannst du hier bestimmte Arbeitsschritte wieder rückgängig machen.
- Das HILFE-Menü bietet dir Hilfe-Informationen. Manche Anwendungen benutzen als Menünamen das Wort »Hilfe«, andere begnügen sich mit einem Fragezeichen (?), vor allem, wenn die Menüleiste schon ziemlich voll ist.

> Natürlich sind diese drei Menüs nicht bei allen Programmen gleich. Häufig gibt es in jedem Menü noch zusätzliche Einträge.
>
> Du wirst auch in den Menüs zum Editor, den du gestartet hast, weitere Einträge entdecken. In den Abbildungen der Menüs, die wir in diesem Kapitel benutzen, stehen nur die Einträge, die du in fast jedem Programm findest.

Bei einigen Menüpunkten öffnet sich ein neues Fenster, das in der Regel kleiner als das Programmfenster ist. Das nennt man ein **Dialogfeld**, weil der Computer dir hier Möglichkeiten vorstellt, von denen du eine oder mehrere auswählen kannst. Das ist so ähnlich, als würde dich ein Verkäufer im Laden nach deinen Wünschen fragen. Dialog ist ein anderes Wort für Gespräch.

> Steht etwas in einem **Auswahlfeld**, dann kannst du dir etwas aussuchen, indem du es mit der Maus anklickst.
>
> Über und links neben dem Auswahlfeld hast du die Möglichkeit, in andere Verzeichnisse zu wechseln, um dort nach einer Datei zu suchen.
>
> In einer **Eingabezeile** kannst du selbst etwas eintippen, z.B. hinter DATEINAME den Namen, den du einer Textdatei geben willst.
>
> Und im **Suchfeld** kannst du dich durch Bereiche blättern, in denen eine gesuchte Datei sein könnte.

KAPITEL 3 — DER PC BEKOMMT ZU TUN: EINGABE UND AUSGABE

Bist du mit allen Angaben einverstanden, klickst du auf die **Schaltfläche** bzw. den Knopf, auf dem meistens OK steht, manchmal aber auch etwas anderes wie z.B. SPEICHERN oder ÖFFNEN.

Hast du dir etwas anders überlegt, klickst du auf die Schaltfläche, auf der ABBRECHEN steht.

DIE TASTATUR

Nun aber kommen wir wieder in die Mitte des Fensters zurück. Denn dort sehen wir noch immer ein gähnendes Weiß. Das wollen wir gleich mit einigen schwarzen Zeichenketten füttern, damit es nicht mehr ganz so öde aussieht.

Wie du dich vielleicht erinnerst, wird das Futter für den Computer **Daten** genannt. Das können ebenso Zeichen sein wie z.B. auch Zahlen, Bilder und Töne.

≫ Tippe einen kleinen Text ein. Wenn dir nichts einfällt, versuch es mal mit diesem Satz:

Computer sind doof

≫ Oder du tippst eine Liste der Wörter, die dir auf Anhieb zum Thema Computer einfallen.

Solltest du zuvor noch nie oder nur selten mit einer Tastatur getippt haben, dann siehst du dich jetzt einem Tastenmeer gegenüber, bei dem einem schon ein bisschen schwindlig werden kann.

Hätten denn nicht die Tasten mit den Buchstaben genügt? Na ja, vielleicht noch die mit den Zahlen. Aber wozu sind denn die vielen Tasten mit den komischen Symbolen da? Oder die mit Zungenbrechern wie »Einfg« oder »Entf«?

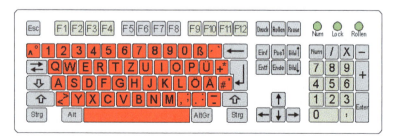

Alle Tasten zusammen, auf denen du Buchstaben (A bis Z), Ziffern (0 bis 9) oder Satzzeichen (z.B. Punkt oder Komma) siehst, werden Schreibmaschinentasten genannt.

DIE TASTATUR

Zusätzlich gibt es noch eine Taste, mit der du einen Zwischenraum zwischen zwei Wörtern erzeugen kannst: die **Leertaste**. Sie ist die längste Taste und du erkennst sie auch daran, dass nichts draufsteht.

Die Tasten, die nötig sind, um z.B. den obigen Satz zu schreiben oder ein paar Zahlen, findest du sicher alle – vielleicht musst du nach einigen ein bisschen länger suchen.

DIE TASTEN ZUM UMSCHALTEN

Möglicherweise ist dein erstes Problem das mit den Groß- und Kleinbuchstaben: Auf den Tasten stehen die Buchstaben großgeschrieben, im Textfeld aber erscheinen sie klein.

Das ist eigentlich nicht weiter schlimm, man kann sich ja dran gewöhnen. Wie aber bekommt man denn echte Großbuchstaben auf den Bildschirm?

Eigentlich gehören die beiden ⇧-Tasten zu den Schreibmaschinentasten. Denn auch auf einer Schreibmaschine gibt es natürlich die Möglichkeit, mal groß- und mal kleinschreiben.

Wenn du eine dieser beiden Tasten drückst und festhältst, dann erscheinen alle Buchstaben groß, die du jetzt eintippst.

Lässt du die ⇧-Taste wieder los, dann werden die nachfolgenden Buchstaben wieder klein. Klingt also logisch, wenn man zu dieser Taste auch **Umschalttaste** sagt.

Willst du mal nur Großbuchstaben schreiben, dann ist das dauernde Festhalten einer ⇧-Taste lästig. Drücke doch mal die Taste ⇪. Sie liegt direkt über der linken ⇧-Taste.

Nun leuchtet ganz rechts oben ein Lämpchen auf. Und wenn du lostippst, erscheinen alle Buchstaben großgeschrieben auf dem Bildschirm. Man nennt diese Taste auch die **Feststelltaste**.

Zum Zurückschalten drückst du einfach wieder auf die ⇪-Taste. Das Lämpchen erlischt und die Arbeit geht weiter mit Kleinbuchstaben.

Die ⌂-Taste ist nicht nur zum Umschalten von Klein- auf Großschreibung da. Du kannst damit auch zusätzliche Zeichen eintippen: Auf zahlreichen Tasten stehen nämlich zwei Zeichen, z.B. Komma (,) und Semikolon (;) oder Punkt (.) und Doppelpunkt (:).

Du bekommst ein Semikolon, wenn du die Tasten ⌂+, zusammen drückst. Und den Doppelpunkt erhältst du mit ⌂+.

Probiere das mal mit der ganzen Tastenreihe von 1 bis 0 aus!

DIE TASTEN ZUM LÖSCHEN

Dein zweites Problem könnte sein, dass dir Fehler beim Eintippen unterlaufen. Mit Radiergummi, Tintenkiller oder Tipp-Ex ist hier nichts zu machen. Aber es gibt da gleich zwei Tasten, mit denen du Fehler löschen kannst.

◇ Die Rück-Taste löscht rückwärts. Wenn du darauf drückst, wird das Zeichen **links** vom Textcursor gelöscht. Der Textcursor wandert nach links.

◇ Die Taste Entf löscht auf der Stelle. Wenn du darauf drückst, wird das Zeichen **rechts** vom Textcursor gelöscht. Der nachfolgende Text rückt dann automatisch nach.

Am besten, du probierst beide Möglichkeiten mehrmals aus, um den Unterschied kennenzulernen.

Nachdem du etwas gelöscht hast, kannst du die neuen Zeichen einfach einfügen. Sobald du lostippst, rutscht der Text beim Textcursor automatisch nach rechts und macht damit Platz für neue Eingaben.

DIE EINGABETASTE UND DIE ENTER-TASTE

So richtig üben kann man eigentlich nur an einem längeren Text. Wie wäre es mit einem Brief? Falls dir kein passender Text einfällt, gibt es hier ein Beispiel:

DIE TASTATUR

➢ Tippe den folgenden Text ein (wenn dir was Besseres in den Sinn kommt, dann schreibst du natürlich das):

```
Liebe Nele,
leider schreibe ich dir erst jetzt mal wieder. Aber ich sitze so oft
vor meinem Computer, dass ich einfach zu nichts anderem mehr Lust
habe.
Früher wusste ich mit diesen Dingern nicht viel anzufangen. Aber dann
habe ich mich so viel damit beschäftigt, dass ich gar nicht mehr davon
loskomme.
Vielleicht bis demnächst, dein Tim
```

Beim Tippen passieren dir wahrscheinlich einige Fehler. Die löschst du mit den Tasten [Rück] oder [Entf]. Dann fügst du die richtigen Buchstaben einfach ein. Und weiter geht's.

Aber bei einem längeren Text kann es neue Probleme geben. Wenn du beim Eintippen ganz rechts an den Rand des Textfeldes angelangt bist, ist die Zeile eigentlich zu Ende. Und du müsstest eine neue Zeile anfangen. Aber dein Text rutscht aus dem Textfeld? Dann kommst du in die nächste Zeile, indem du eine dieser beiden Tasten drückst: [↵] oder [Enter].

Man nennt die [↵]-Taste auch **Eingabetaste**, weil man damit eine Eingabe abschließen kann.

Bei einem richtigen Textverarbeitungsprogramm würde das letzte Wort automatisch in die nächste Zeile springen, wenn die Zeile zu voll wird. Das lässt sich auch beim Editor einstellen, mit dem du gerade arbeitest:

Klicke auf FORMAT und dann auf ZEILENUMBRUCH.

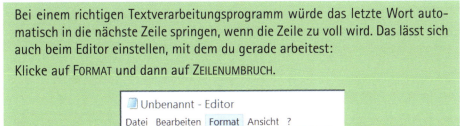

Nun musst du die ⏎-Taste nicht mehr am Ende einer Zeile, sondern nur noch dann drücken, wenn ein Absatz zu Ende ist. Ein **Absatz** besteht meist aus mehreren Sätzen, die zusammengehören. In diesem Buch erkennst du ein Absatzende daran, dass der Zwischenraum zum nächsten Absatz immer etwas größer ist als zwischen einzelnen Zeilen.

In seinem Brief an Nele hat Tim genau viermal die ⏎-Taste gedrückt.

DIE PFEILTASTEN

Wenn du deinen Brief fertig getippt hast, wirst du ihn wohl noch mal lesen wollen. Dabei kann es sein, dass dir noch einige Dinge auffallen, die du lieber anders schreiben möchtest.

Wie kommst du an die Stellen, an denen du etwas ausbessern willst? In einem einfachen Satz kann man z.B. mit der Löschtaste ⌫Rück⌫ zurückwandern, muss aber dafür von da an alles neu tippen.

In einem längeren Text ist das lästig. Deshalb gibt es die **Pfeiltasten**. Damit kannst du in allen Richtungen durch einen Text wandern.

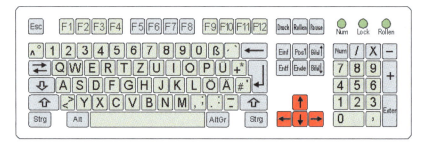

Weil du mit den Pfeiltasten den Textcursor bewegen kannst, werden diese Tasten auch **Cursortasten** genannt.

Die Maus wollen wir bei all den vielen Tasten nicht vergessen: Du kannst natürlich auch den Textcursor irgendwohin in einen Text setzen, indem du einfach mit der Maus dorthin klickst.

DIE TASTEN ZUM ABBRECHEN UND ZUM BESTÄTIGEN

Eine Taste gehört noch mit in die Sammlung, obwohl sie bei der reinen Texteingabe keine Wirkung hat. Aber solltest du mit der Maus mal daneben klicken und ein Menü öffnen, dann kannst du es mit der Taste ⌞Esc⌟ wieder schließen. (Das ist die Abkürzung für »Escape«, auf Deutsch so viel wie »Entkommen«.)

DIE TASTATUR

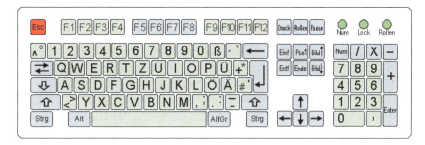

Auch sonst lässt sich damit einiges abbrechen, wenn du dir etwas anders überlegt hast.

In vielen Dialogfeldern hast du die Auswahl, etwas zu bestätigen (meistens mit OK). Oder du klickst auf ABBRECHEN, wenn du alles beim Alten belassen willst.

Anstatt mit der Maus auf die entsprechende Schaltfläche (bzw. den Knopf) zu klicken, kannst du auch eine dieser Tasten benutzen:

Tasten	Funktion	Schaltflächen
⏎, Enter	Bestätigen	OK, Schließen, Öffnen, Speichern
Esc	Abbrechen	Abbrechen

Über die ⏎-Taste habe ich dir schon etwas erzählt, weil sie auch bei der Texteingabe benutzt wird.

DIE HILFETASTE

Wenn du in einem Programm nicht mehr weiterweißt, kannst du sicher Hilfe brauchen. Drücke dazu einfach mal die Taste F1.

Nun brauchst du einen kleinen Moment Geduld. In der Regel verbindet sich der Computer unter Windows mit dem Internet und du landest auf den Hilfeseiten von Microsoft. Einzelne Anwendungen (Apps) haben ihr eigenes Hilfesystem. Dann öffnet sich ein neues Fenster und bietet dir Hilfsinformationen an.

EINE DATEI SPEICHERN

Nun ist es aber genug zum Thema Tastatur! Sicher gibt es noch eine Menge Tasten, die du hier nicht kennengelernt hast. (Aber du musst ja nicht unbedingt alles wissen.)

Inzwischen wartet dein Brief geduldig, was nun mit ihm geschehen soll. Einfach wegwerfen? Vielleicht doch ein bisschen zu schade, zumal es wohl dein erster Brief auf einem PC ist. Und »das erste Mal« behält man doch gern in Erinnerung.

Bloß wohin damit? Ist der denn nicht automatisch im Computer gespeichert? Wenn du jetzt brutal deinen PC abschaltest oder wenn der Strom ausfällt, dann machst du die bittere Erfahrung, dass damit auch dein Brief komplett verschwindet.

> Was nicht für jedes Gerät gelten muss. Viele Tablets und Smartphones können deinen Text in einem Speicher behalten, der nicht mit Strom versorgt werden muss. Vor allem größere Texte aber schreibt man meistens mit »großen« PCs, die einen Arbeitsspeicher haben, der bei Stromausfall völlig geleert wird.

Ob dein Computer beim nächsten Start den eingetippten Text vergessen hat oder nicht, solltest du nicht riskieren. Deshalb ist es besser, du bringst ihn **vorher** irgendwo sicher unter. Und das geht so:

≫ Klicke mit der Maus auf DATEI und dann auf SPEICHERN.

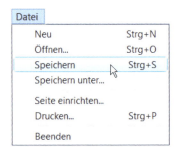

Prompt öffnet sich ein Dialogfeld. Bevor Windows deinen Text speichern kann, will es wissen, wo es ihn unterbringen soll und wie dein Brief heißt. Bis jetzt trägt er nur den nichtssagenden Namen »Unbenannt«.

≫ Klicke in das Eingabefeld hinter DATEINAME:

≫ Tippe als **Namen** ein: `Brief1` oder `Brief1.txt`.

Wenn du willst, kannst du auch einen anderen Namen eingeben.

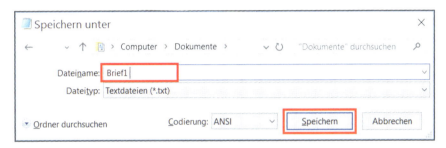

Es gibt ein paar Regeln, die unter Windows für Dateinamen gelten:
- Ein Name darf bis zu 255 Zeichen lang sein, muss es aber nicht.
- Man sollte schon am Namen erkennen, was da gespeichert wird.
- Du kannst fast alle Zeichen benutzen. Verboten sind auf jeden Fall: * ? < > / \ |.

Willst du deinen Text nicht nur irgendwo unterbringen, sondern in einem bestimmten Ordner oder Speichermedium, dann musst du jetzt noch kontrollieren, was in dem Anzeigefeld unter SPEICHERN UNTER steht.

Vielleicht ist es sinnvoll, den Brief auf einem USB-Stick zu speichern. Wenn du aber damit noch gar nicht umgehen kannst oder vielleicht nicht mal genau weißt, was das ist, dann lege deine Datei ruhig in dem Ordner ab, der DOKUMENTE heißt. In der Regel hat Windows so einen Ordner bereits eingerichtet.

Notebooks haben oft Festplatten, Tablets und Smartphones grundsätzlich nicht. Zusammengefasst aber spricht man bei diesen Speichermöglichkeiten von **Datenträgern** (dazu mehr in Kapitel 5). **Ordner** übrigens sind so etwas wie Behälter, damit nicht alle Dateien einfach so herumliegen (Näheres darüber erfährst du ab Kapitel 6).

≫ Klicke unten im Dialogfeld auf den Eintrag ORDNER DURCHSUCHEN.

≫ Klicke dich in der nun größer gewordenen Dialogfeldfläche weiter über einen der Einträge links. (Du kannst aber auch versuchen, über eines der Felder ganz oben fündig zu werden.)

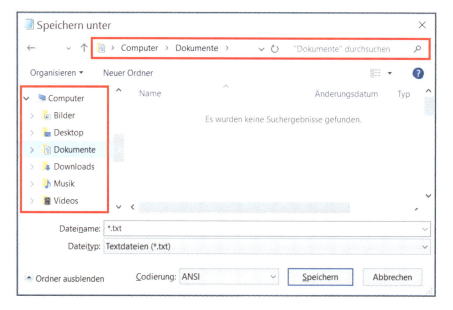

≫ Wenn du sicher bist, den passenden Ort gefunden zu haben, klicke zur Bestätigung auf SPEICHERN.

Damit hast du deinen Text auf einer Magnetplatte untergebracht, die im Computer eingebaut ist. Im übernächsten Kapitel erfährst du mehr und Genaueres darüber. Man sagt auch: Du hast eine Datei gespeichert.

Wenn du deinen Brief noch mal überarbeitest und anschließend wieder speichern willst, erscheint kein Dialogfeld mehr, das dich nach einem Namen fragt: Dein Brief hat ja bereits einen Namen.

ZUSAMMENFASSUNG

> Willst du aber einen Text unter anderem Namen abspeichern, kannst du auch auf den Eintrag SPEICHERN UNTER im DATEI-Menü klicken. Dann wird immer das Dialogfeld SPEICHERN UNTER geöffnet. Und du hast die Möglichkeit, einen (neuen) Namen einzugeben.

ZUSAMMENFASSUNG

Na, ist das nichts? Du hast dein erstes Programm gestartet und hast damit dein erstes Werk vollbracht. Und damit es nicht verloren geht, hast du es auf einen Datenträger gespeichert. Du erinnerst dich:

Ein Programm starten	Klicke/tippe auf das Start-Symbol, dann klicke/tippe dich zum Namen des Programms durch.
Eine Datei speichern	Klicke/tippe auf DATEI/SPEICHERN.

Du kennst auch die wichtigsten Tasten:

`Rück`, `Entf`	Zeichen in einem Text löschen
`↵`, `Enter`	Einen neuen Absatz in einem Text beginnen, eine Menüauswahl oder einen Dialog bestätigen
`←`, `→`, `↑`, `↓`	Durch einen Text wandern
`⇧`	Auf Großschreibung umschalten
`Esc`	Eine Menüauswahl oder einen Dialog abbrechen
`F1`	Um Hilfe rufen

Aus der Welt der Fenster haben sich ein paar neue Begriffe angesammelt:

Programmfenster (App-Fenster)	Ein Fenster, in dem du mit dem Programm (der App) arbeiten kannst
Titelleiste	Eine Leiste oben in einem Fenster, in der du ablesen kannst, um welche Anwendung es sich handelt
Menüleiste	Eine Leiste unterhalb der Titelleiste, in der die Namen der Menüs aufgeführt sind, die ein Fenster anbietet. Du öffnest das dazugehörige Menü, indem du mit der Maus auf einen Namen klickst.

Menü	Ein Fenster mit einer Liste von Angeboten. Du wählst ein Angebot aus, indem du mit der Maus darauf klickst oder darauf tippst.
Dialogfeld	Ein Fenster meist mit mehreren Möglichkeiten zum Anklicken/Antippen oder Eingeben
Eingabefeld, Eingabezeile	Eine kleine (einzeilige) Fläche, in der du etwas eingeben kannst
Auswahlfeld	Eine meist größere Fläche mit einer Liste, in der du etwas auswählen kannst
Textfeld	Die größte Fläche im Fenster eines Editors oder anderen Textprogramms. Dort kannst du Text eingeben und bearbeiten.
Zwischenablage	Ein Zwischenspeicher, in dem das Betriebssystem Windows etwas ablegt, das zuvor ausgeschnitten oder kopiert wurde.

Im folgenden Kapitel geht es weiter, du willst doch deinem Brief den letzten Schliff nicht verweigern?

4 MIT SCHERE UND KLEBER: TEXTBEARBEITUNG

Einen Brief von Hand schreiben hat schon was Romantisches. Aber wenn man sich dabei verschreibt, was dann? Radieren, durchstreichen, Tintenkiller oder Tipp-Ex benutzen? Da geht es mit dem Computer bequemer, zumal man ja später die dargestellte Schrift noch vor dem Ausdrucken auf Handschrift umstellen kann.

Wenn man da etwas zu verbessern hat, lässt es sich nicht nur leicht entfernen und ersetzen, sondern man kann ganze Textblöcke ausschneiden und woanders wieder einfügen. Darum soll es in diesem Kapitel gehen.

IN DIESEM KAPITEL LERNST DU

- ◎ wie du gespeicherten Text wieder lädst,
- ◎ wie du Text ausdruckst,
- ◎ wie du Text markierst,
- ◎ wie du Text ausschneidest und einfügst,
- ◎ wie du eine Anwendung beendest.

ETWAS NEUES ANFANGEN

Nachdem dein Brief sicher irgendwo in dem »Computer-Kasten« untergebracht ist, willst du vielleicht etwas Neues machen. Entweder ein ganz anderes Programm ausprobieren. Oder noch einen Text schreiben.

Wenn du keine Lust mehr hast, musst du dich leider bis zum Ende des Kapitels gedulden. Notfalls kannst du auch schon einen Sprung wagen und ins nächste hineinschnuppern, aber da entgeht dir einiges, was ich für wichtig halte.

≫ Willst du weiter mit dem Editor arbeiten, dann klicke auf DATEI und dann auf NEU.

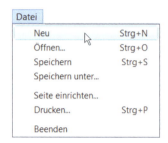

Das Textfeld ist nun wieder schön weiß wie am Anfang, dein alter Brief ist verschwunden. Du gerätst in Panik: Wo ist mein Brief?

Wenn du ihn nicht mehr auf dem Bildschirm sehen kannst, heißt das nicht, dass der Text auch dort gelöscht ist, wo du ihn vorhin gespeichert hast! Also alles in Ordnung, denn es gibt eine Menge anderer Daten, die irgendwo gespeichert sind und nur von dort verschwinden, wenn man sie ausdrücklich löscht. (Und wie das geht, erfährst du in Kapitel 6.)

Tja, und nun kannst du deinen nächsten Brief oder eine Geschichte oder einen Aufsatz tippen – ganz wie du willst.

Da ist doch ständig vom Wort »Datei« die Rede. Was ist das eigentlich, eine Datei? Ganz knapp ausgedrückt ist eine **Datei** eine Sammlung von Daten. Und was **Daten** sind, weißt du ja schon (z.B. Zahlen, Text, Bilder und Töne).

Damit man diese sicher aufbewahren kann, werden sie in einer Datei zusammengefasst und lassen sich nun irgendwo speichern.

Weil es unterschiedliche Arten von Daten gibt, gibt es auch verschiedene Arten von Dateien. Man spricht hier von **Dateiformat** oder auch **Dateityp**. So werden Textdaten zu einer Textdatei zusammengefasst, Bilddaten ergeben eine Bilddatei, Töne werden zur Klangdatei.

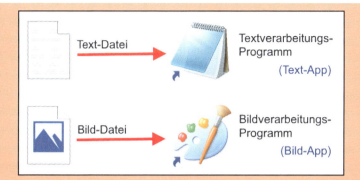

Leider hat jedes Programm eine andere Art, diese Daten zu einer Datei zu verbinden. Der Editor, mit dem du schon Erfahrungen gesammelt hast, hängt einfach Buchstaben und andere Zeichen so hintereinander, wie du sie eingetippt hast. Ein großes Textverarbeitungsprogramm aber speichert dazu noch Einstellungen wie Schriftart, Aussehen des Textes und andere Angaben. Dann sieht die Datei schon wieder ganz anders aus.

Und weil es mehrere verschiedene Textverarbeitungsprogramme gibt, speichert jedes seinen Text in einem anderen Format ab. Das gilt auch für die meisten anderen Programme, die es gibt. Besonders schlimm ist es bei den Bilddateien. Dort gibt es schon unzählige Formate. Deshalb können viele Grafikprogramme Bilder in verschiedenen Formaten erkennen und speichern.

Damit du überhaupt sehen kannst, welches Dateiformat eine Datei hat, gibt es die sogenannte **Dateikennung**. Diese Kennung besteht meist aus drei Buchstaben und ist vom Namen der Datei durch einen Punkt getrennt. In der folgenden Tabelle siehst du eine Reihe von verbreiteten Dateitypen aufgelistet:

Kennung	Dateiformat
txt	Einfaches Textformat
doc, docx	Format des Textprogramms Microsoft Word
htm, html, xml	Hypertext-Format (u.a. für Internet-Seiten)
bmp, jpg, png	Formate für Bilder (werden z.T. auch im Internet benutzt)
pdf	Universalformat für Text und Grafik von Adobe
mp3, ogg, wma	Formate für Musik
xls, xlsx	Format des Tabellenprogramms Microsoft Excel
avi, mkv, mp4	Formate für Videos

Der vollständige Name einer Datei setzt sich also aus einer Art Vornamen und der Kennung zusammen. Der »Vorname« sollte möglichst aussagen, was in der Datei steckt, z.B.:

Brief1.txt   für den ersten Brief
Selbstbild.jpg   für ein Selbstbildnis
Deutsch3.doc   für den dritten Deutschaufsatz
Song1.mp3   für den ersten eigenen Song

Und die Kennung hinter dem Punkt gibt an, um welchen Dateityp es sich handelt.

EINE DATEI WIEDER ÖFFNEN

Vielleicht hast du inzwischen bereits deinen zweiten Text fertig getippt. Wie du ihn speicherst, weißt du ja. Und nun fällt dir ein, dass du dir den ersten Text gern noch mal genauer anschauen würdest? Dann bekommst du so deinen Brief wieder in den Editor:

≫ Klicke mit der Maus auf DATEI und dann auf ÖFFNEN.

Solltest du den Text, der jetzt gerade im Editor ist, noch nicht gespeichert haben, dann erscheint erst ein solches Dialogfeld:

≫ Klicke auf SPEICHERN und damit bringst du deinen Text in Sicherheit.

Das Dialogfeld für das Öffnen sieht dem zum Speichern ziemlich ähnlich:

Normalerweise müsste der Name deines Textes im **Auswahlfeld** stehen. Das ist die große weiße Fläche rechts.

≫ Klicke im Auswahlfeld auf den Namen `Brief1` (oder den Namen, den du deiner Datei gegeben hast).

≫ Klicke zur Bestätigung auf ÖFFNEN.

Und einen Moment später siehst du den alten Brief wieder im Textfeld des Editors. Man nennt das auch **Öffnen** oder **Laden** einer Datei.

Findest du deinen Namen nicht im Auswahlfeld? Dann musst du danach suchen! Oben unter ÖFFNEN steht, wo der Computer gerade nach Dateien gesucht hat.

◆ Klicke ins obere Anzeigefeld, wo der aktuelle Ordner angezeigt wird. Oder du klickst dich durch das linke Suchfeld.

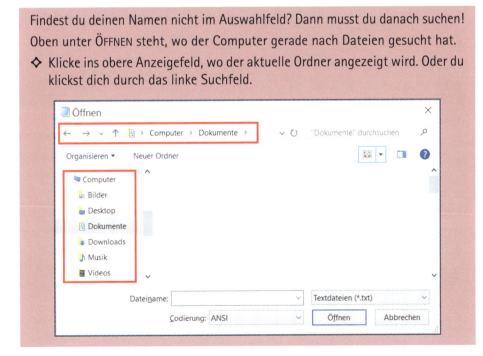

- ◆ Du kannst auch gezielt nach deiner Datei forschen, indem du im rechten Feld den Namen eintippst und die Suche per Mausklick startest.

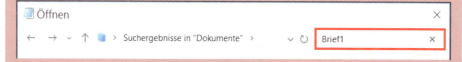

- ◆ Wenn du die Datei gefunden hast, die du suchst, klicke darauf und dann auf ÖFFNEN.

Solltest du aber deine Datei nicht finden, musst du dir von jemandem bei der Suche helfen lassen. (Mehr über das Suchen nach Dateien erfährst du aber auch in Kapitel 6.)

ETWAS AUSDRUCKEN

Einen schönen Brief sollte man auch abschicken. Nachdem du jetzt den alten Brief noch mal geladen hast, willst du ihn jetzt wohl auch ausdrucken.

Dazu muss natürlich ein Drucker vorhanden sein. Hast du keinen Drucker? Dann schau noch mal hier vorbei, wenn du einen hast. Ansonsten wird so gedruckt:

≫ Kontrolliere, ob der Drucker angeschaltet ist. Meistens leuchtet da ein Lämpchen, an dem »Online« oder »Power« oder etwas Ähnliches steht.

≫ Klicke auf DATEI und dann auf DRUCKEN.

Möglicherweise erscheint ein Dialogfeld, in dem du einige Einstellungen vornehmen kannst, bevor gedruckt wird.

≫ Klicke abschließend auf DRUCKEN.

ETWAS AUSDRUCKEN

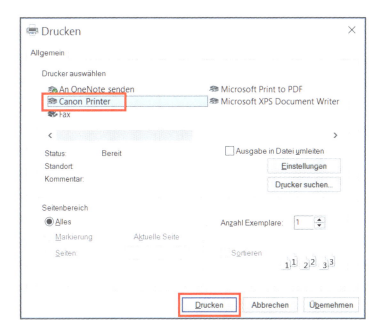

Je nachdem, wie lang dein Brief ist, kann es nun eine Weile dauern, bis der Drucker ihn annimmt und verarbeitet. Wenn alles geklappt hat, kannst du dir nach einiger Zeit deinen Brief schwarz auf weiß beim Drucker abholen.

Erscheint bei dir irgendeine Fehlermeldung?

In diesem Fall ist es am besten, auf ABBRECHEN zu klicken und erst einmal nachzusehen, was los sein könnte. Später kannst du es dann mit dem Drucken noch mal versuchen.

Folgende Fehler kommen in Frage:

◇ Der Drucker ist nicht angeschaltet. Dann drückst du auf die Power- oder Online-Taste.

◇ Der Drucker ist nicht bereit. Es kann sein, dass du dafür noch andere Tasten drücken musst.

◇ Es ist kein Papier mehr da. Dann musst du neues einlegen. Falls du nicht weißt, wie das geht, musst du im Druckerhandbuch nachschauen. Oder du fragst jemanden, der dir hilft.

◇ Der Verbindungs-Stecker am Drucker oder der Stecker am Computer ist locker. Prüfe nach, ob die Verbindung zwischen Drucker und Computer in Ordnung ist: Drücke vorsichtig den Stecker im Drucker fest. Dann mache das Gleiche mit dem Stecker im Computer. Auch hier lasse dir lieber helfen, wenn du unsicher bist.

- Der Drucker ist noch nicht installiert. Dann ziehe den Druckerstecker vom PC ab, warte einen Moment und stecke ihn wieder am PC ein. Normalerweise müsste Windows das erkennen und dir automatisch die Installation anbieten. Wenn das nicht klappt, lässt du dir am besten von jemandem bei der Installation helfen.
- Du hast gar keinen Drucker. Dann sieh zu, dass du schleunigst einen kaufst (oder kaufen lässt). Oder du verzichtest aufs Drucken.

Die Überschrift dieses Kapitels heißt **Eingabe** und **Ausgabe**. Gemeint ist damit die Eingabe über die Tastatur und die Ausgabe über den Bildschirm oder Drucker. Nicht zu vergessen die Maus oder die Finger, die auch Eingabegeräte sind, denn die Bewegungen der Maus bzw. von Berührungen werden vom Computer aufgenommen und ausgewertet.

Was aber passiert eigentlich bei Eingabe und Ausgabe?

Wenn du z.B. über die Tastatur den Großbuchstaben A eintippst, dann bekommt der Computer dieses A gar nicht zu sehen. Für ihn wird daraus eine Zahl. Dabei benutzt er sein eigenes Zahlensystem. Und das ist das Einfachste, das es gibt: Es besteht nur aus Nullen und Einsen.

Es heißt **Zweiersystem**, **Dualsystem** oder **Binärsystem**, weil es nur zwei verschiedene Zahlen kennt. Unser **Dezimalsystem** dagegen arbeitet mit zehn verschiedenen Zahlen, nämlich denen von 0 bis 9.

So wird für den Computer aus der Eingabe von A die Ziffernfolge 01000001. Und wenn du deinem PC die kleine Rechenaufgabe 1+1=2 eintippst, dann macht er sie zu dieser langen Kette:

00110001 00101011 00110001 00111101 00110010

Nicht auszudenken, wie dann dein Brief für den Computer aussieht! Aber den muss ja nur dein PC lesen und nicht du.

Und so macht es der Computer mit allem, was für ihn hereinkommt: ob über die Tastatur oder die Maus. Dort werden auch z.B. Signale der Maus in solche Folgen aus Einsen und Nullen umgewandelt. Ein Computer kann damit rasend schnell rechnen. Für ihn macht das also immer einen Sinn, wir könnten damit nicht allzu viel anfangen.

Deshalb sorgt der Computer auch dafür, dass etwas herauskommt, was für uns wieder verständlich ist. Bei der Tastenkombination ⬆+A lässt er auf dem Bildschirm ein großes A erscheinen. Bei einer Mausbewegung verschiebt er den Mauszeiger auf dem Monitor in dieselbe Richtung.

Der Kontakt zwischen Tastatur, Maus, Bildschirm, Fingern, Drucker und Computer klappt natürlich nicht einfach so reibungslos. Denn eigentlich hat jedes Gerät seine eigene Art, mit Daten umzugehen. Deshalb gibt es für jede Verbindung zum Computer eine Art von Dolmetscher, der sich darum kümmert, dass beide sich verstehen. Diese Dolmetscher nennt man **Treiber** (englisch: Driver).

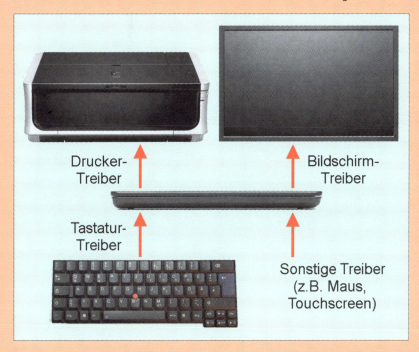

Und so gibt es z.B. Treiber für die Tastatur und die Maus, Treiber für den Drucker und für den Bildschirm. Und wenn der berührungsempfindlich ist, wird noch ein »Touch-Driver« gebraucht.

AUSSCHNEIDEN UND EINFÜGEN

Vielleicht geht es dir auch so wie mir: Wenn ich mir einen Text ausdrucke und noch mal anschaue, dann kommt mir diese oder jene Idee, wie ich doch noch etwas verbessern könnte.

So würde ich z.B. dort gern einen Satzteil herausnehmen und woanders wieder einfügen bzw. zwei Satzteile miteinander vertauschen.

Früher, als es noch keine Computer gab, hat man dann zur Schere gegriffen und den Text in Stücke geschnitten. Dann hat man ihn anders wieder zusammengeklebt. Auf Englisch hieß das Cut & Paste (= Schneiden und Kleben).

Dieses Prinzip wurde auch für den Computer übernommen und funktioniert unter Windows, wenn du das BEARBEITEN-Menü benutzt.

Wie das geht, wollen wir an dem Brief von Tim an Nele ausprobieren. Das war die erste Fassung:

```
Liebe Nele,
leider schreibe ich dir erst jetzt mal wieder. Aber ich sitze so oft
vor meinem Computer, dass ich einfach zu nichts anderem mehr Lust
habe.
Früher wusste ich mit diesen Dingern nicht viel anzufangen. Aber dann
habe ich mich so viel damit beschäftigt, dass ich gar nicht mehr davon
loskomme.
Vielleicht bis demnächst, dein Tim
```

Und so soll der Brief aussehen, wenn ich ihn geändert habe:

```
Liebe Nele,
leider schreibe ich dir erst jetzt mal wieder. Aber ich sitze so oft
vor meinem Computer, dass ich gar nicht mehr davon loskomme.
Früher wusste ich mit diesen Dingern nicht viel anzufangen. Aber dann
habe ich mich so viel damit beschäftigt, dass ich einfach zu nichts
anderem mehr Lust habe.
Vielleicht bis demnächst, dein Tim
```

TEXT MARKIEREN

Mal sehen, wie wir das hinkriegen. Damit der Computer etwas ausschneiden kann, muss es erst einmal **markiert** werden.

≫ Setze den Textcursor an den Anfang des Satzteils

   dass ich einfach zu nichts anderem mehr Lust habe.

≫ Drücke die ⇧-Taste und halte sie fest.

≫ Drücke die →-Taste und halte sie so lange fest, bis dieser Textteil markiert ist.

AUSSCHNEIDEN UND EINFÜGEN

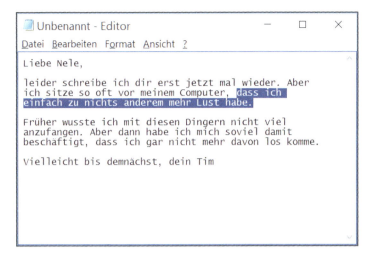

Markierst du lieber mit der Maus? Das geht nämlich auch:
- Zeige auf den Anfang des Textes, den du markieren willst.
- Ziehe die Maus ans Ende des Textes, den du markieren willst.
- Wenn der gewünschte Textteil markiert ist, kannst du die Maustaste wieder loslassen.

Möglicherweise klappt das Markieren mit der Maus nicht sofort. Dann bleibe lieber bei ⇧ und den Pfeiltasten. Ich benutze die Maus am liebsten nur, wenn es darum geht, ganze Absätze zu markieren, und die Markierung nicht größer ist als das, was in ein Fenster passt.

TEXT AUSSCHNEIDEN

Nun lässt sich der markierte Text **ausschneiden**. Dazu kannst du das BEARBEITEN-Menü benutzen:

➤ Klicke auf BEARBEITEN und dann auf AUSSCHNEIDEN.

Bearbeiten	
Rückgängig	Strg+Z
Ausschneiden	Strg+X
Kopieren	Strg+C
Einfügen	Strg+V
Löschen	Entf
Suchen…	Strg+F
Weitersuchen	F3
Ersetzen…	Strg+H
Alles markieren	Strg+A

Und schon ist der Text aus dem Brief verschwunden. Aber wohin? Keine Angst: Windows hebt das gute Stück in einem Zwischenspeicher auf. Man nennt das auch die **Zwischenablage**.

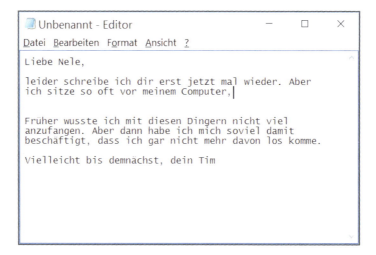

Von dort aus kann er wieder an derselben Stelle oder auch woanders eingefügt werden. Sogar das Einfügen in einem anderen Programm ist möglich.

Du hast aus Versehen den falschen Textteil markiert und ausgeschnitten?

Dann klicke schleunigst auf BEARBEITEN und RÜCKGÄNGIG. Damit machst du den Fehler rückgängig.

Beim Editor funktioniert das übrigens nur einmal. Ein weiteres Klicken auf RÜCKGÄNGIG stellt hier den vorigen Zustand wieder her.

Bei vielen anderen Programmen (Apps) aber lassen sich gleich mehrere Schritte rückgängig machen. Dort gibt es dann aber auch die Möglichkeit, über BEARBEITEN und WIEDERHERSTELLEN einzelne oder alle Schritte wiederherzustellen.

TEXT EINFÜGEN

Zuerst muss der Textcursor an der Stelle sein, an der du den ausgeschnittenen Text **einfügen** willst. Denn eingefügt wird nur dort, wo der Textcursor gerade sitzt.

≫ Setze den Textcursor an den Anfang des Satzteils

   dass ich einfach zu nichts anderem mehr Lust habe.

≫ Klicke auf BEARBEITEN und dann auf EINFÜGEN.

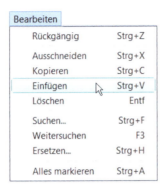

Und da ist er wieder, unser verschwundener Satzteil. Zwar an der richtigen neuen Stelle, aber jetzt bringt er den Satzbau durcheinander.

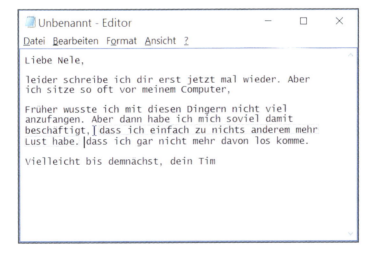

NOCH MAL SCHNEIDEN UND KLEBEN

Das ist aber wirklich unschön, mit dem zweimal »dass«! Deshalb wiederholen wir jetzt das ganze Spiel mit der Schere und dem Kleber. Der Textcursor sitzt ja schon an der richtigen Stelle. Diesmal ist es der Satzteil

dass ich gar nicht mehr davon loskomme

der markiert, ausgeschnitten und woanders eingefügt werden soll. Traust du dir das jetzt selber zu?

Versuchen wir's zusammen:

≫ Markiere den Text mit ⇧ und einer Pfeiltaste.

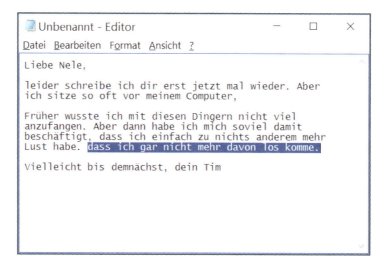

≫ Klicke auf BEARBEITEN und dann auf AUSSCHNEIDEN.

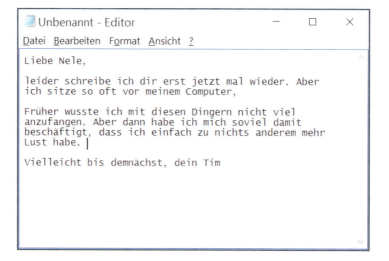

≫ Setze den Textcursor an die Stelle, an der du vorhin den anderen Text ausgeschnitten hast.

≫ Klicke auf BEARBEITEN und dann auf EINFÜGEN.

Und damit sind wir am Ziel.

AUSSCHNEIDEN UND EINFÜGEN

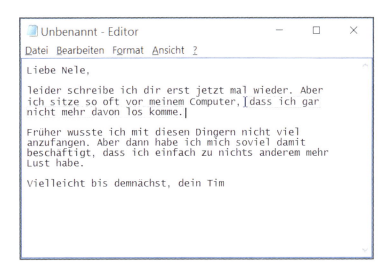

KOPIEREN KANN MAN AUCH NOCH?

Wenn du etwas ausgeschnitten hast, lässt es sich übrigens nicht nur einmal, sondern so oft, wie du willst, wieder einfügen. Damit kannst du einen Text mehrmals kopieren.

Sicher ist dir aufgefallen, dass es einen Eintrag im BEARBEITEN-Menü gibt, über den ich noch nicht geschrieben habe. Der hat ausgerechnet den Namen KOPIEREN. Und du willst unbedingt wissen, wie der funktioniert? Wahrscheinlich nicht so, wie du jetzt erwartest:

≫ Markiere einen beliebigen Textausschnitt (vielleicht diesmal nur ein Wort, z.B. leider).

≫ Klicke auf BEARBEITEN und dann auf KOPIEREN.

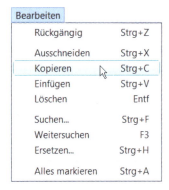

Aber es geschieht offenbar nichts. Auch wenn du mehrmals auf KOPIEREN klickst, bleibt der markierte Textausschnitt hartnäckig da, wo er ist.

81

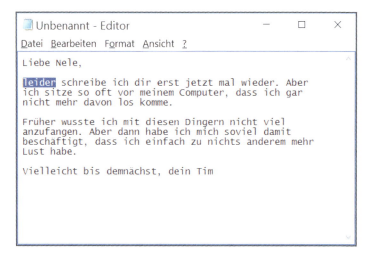

In Wirklichkeit ist natürlich schon etwas passiert: Der markierte Text wurde nicht ausgeschnitten, sondern in den Zwischenspeicher von Windows kopiert.

≫ Setze den Textcursor an das **Ende** deines Briefs.

≫ Klicke mehrmals auf BEARBEITEN und EINFÜGEN.

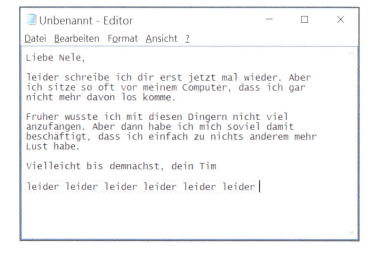

Nun erscheint mehrmals der gleiche Text, den du zuvor in die Zwischenablage kopiert hast.

Das ganze **Schneiden** und **Kleben** geht auch schneller mit ein paar Tastenkombinationen:

[Strg]+[X] = Markierten Text ausschneiden und in die Zwischenablage einfügen

[Strg]+[C] = Text in die Zwischenablage kopieren

Im Übrigen funktioniert das alles nicht nur im Editor, sondern auch in vielen anderen Programmen.

Willst du keine Tastatur benutzen, so musst du mit den Fingern das BEARBEITEN-Menü verwenden. Zuvor solltest du (auch mit den Fingern) einen Text markiert oder eine Stelle im Text angetippt haben, an die ein Textabschnitt hin soll.

Allerdings ist die »Fingerarbeit« zum Teil deutlich unbequemer als die Arbeit mit Tastatur und Maus.

EIN PROGRAMM BEENDEN

Nach all dem Tippen, Ausbessern, Schneiden und Kleben will man irgendwann auch mal wieder aufhören. Windows bietet dir sogar verschiedene Wege an, ein Programm zu beenden.

Die hausbackene Methode ist die über das DATEI-Menü:

≫ Klicke auf DATEI und dann auf BEENDEN.

Hast du in deinem Text noch irgendetwas geändert, dies aber noch nicht gespeichert, dann erscheint noch mal eine Meldung.

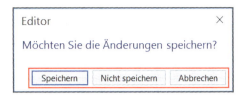

Wenn du auf SPEICHERN klickst, wird die letzte Fassung deines Briefs gespeichert. Klickst du auf NICHT SPEICHERN, dann eben nicht. In diesem Fall hast du die vorige Version deines Briefes aber noch sicher auf der Festplatte oder auf einem anderen Datenträger. Und kannst sie jederzeit wieder öffnen.

Dass dein Programm beendet wurde, siehst du daran, dass das Fenster komplett vom Desktop verschwunden ist.

Und das ist die direkte Methode: Klicke (oder tippe) einfach auf das kleine X ganz oben in der Fensterecke:

Damit schließt du das Fenster und das Programm wird automatisch beendet.

ZUSAMMENFASSUNG

Nach all dem Ausschneiden und Kleben von Text bist du wieder sicher im Desktop gelandet. Zwischendrin hast du einiges von dem kennengelernt, was sich mit einem Programm alles anstellen lässt (und unter Windows kannst du so mit fast jedem Programm umgehen):

Etwas Neues anfangen	Klicke/tippe auf DATEI/NEU.
Eine Datei speichern	Klicke/tippe auf DATEI/SPEICHERN.
Eine Datei öffnen (laden)	Klicke/tippe auf DATEI/ÖFFNEN.
Eine Datei drucken	Klicke/tippe auf DATEI/DRUCKEN.
Ein Programm beenden	Klicke/tippe auf DATEI/BEENDEN.

Und du weißt, wie du einem Text mit Schere und Kleber zu Leibe rücken kannst:

Text markieren	Benutze ⇧ und die Pfeiltasten oder ziehe mit der Maus oder fahre mit dem Finger über den Text.

ZUSAMMENFASSUNG

Text ausschneiden und in Zwischenablage übernehmen	Klicke/tippe auf BEARBEITEN/AUSSCHNEIDEN.
Text in Zwischenablage kopieren	Klicke/tippe auf BEARBEITEN/KOPIEREN.
Text aus Zwischenablage einfügen	Klicke/tippe auf BEARBEITEN/EINFÜGEN.
Bearbeitungsschritt rückgängig machen	Klicke/tippe auf BEARBEITEN/RÜCKGÄNGIG.

Im nächsten Kapitel erfährst du endlich auch etwas darüber, wo eigentlich die Daten landen, wenn du sie speicherst.

5 JEDE MENGE SPEICHERPLATZ: HARDDISK, FLASH, CD UND MEHR

Im letzten Kapitel hast du ein Programm gestartet und damit einen Brief geschrieben (oder zwei). Du hast den Brief irgendwohin gespeichert und von dort auch wieder geladen. Und dieses »Irgendwo«, das wollen wir uns in diesem Kapitel einmal näher anschauen.

Denn so ganz geheuer ist dir das wohl nicht: Deine Daten verschwinden in einem Ding, das sich z.B. Festplatte oder USB-Stick nennt. Aber sind dort die Daten wirklich sicher aufgehoben?

Bringen wir jetzt ein bisschen Licht ins Dunkel der Laufwerke und Datenträger. Während ich hier einiges darüber erzählen will, kann der Computer zunächst noch ausgeschaltet bleiben. Aber anschließend gibt's für dich auch wieder was am PC zu tun.

IN DIESEM KAPITEL LERNST DU

- was Festplatten sind,
- einiges über andere Datenträger bzw. Speichermedien,
- wie du dir den Inhalt von Datenträgern anschaust,

- wie man die Größe von Fenstern ändert,
- wie man Fenster verschiebt,
- was Bildlaufleisten sind und wie man sie benutzt,
- etwas über die Cloud.

GERÄUMIG, SCHNELL UND GUT VERPACKT: FESTPLATTEN

Wenn du einen Text als Datei speichern willst, musst du ihm einen Namen geben. Unter dem findest du ihn auch wieder. Jedenfalls steht er irgendwo in einem Anzeigefeld, wenn man über DATEI und ÖFFNEN ein Dialogfeld aufmacht.

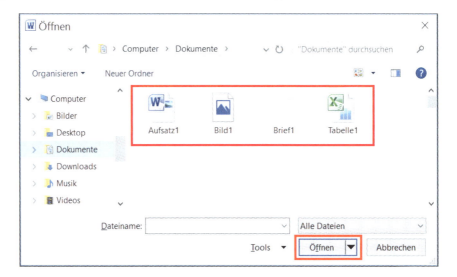

Und mit einem Klick auf die Schaltfläche (bzw. den Knopf) ÖFFNEN wird die Datei auch prompt wieder geladen. Also ist alles in bester Ordnung, wozu muss man mehr wissen?

Es reicht sicher, wenn du weißt, dass in deinem Computer etwas eingebaut ist, auf das Dateien gespeichert werden können – wie zum Beispiel eine Festplatte.

Festplatten sind Scheiben mit einer Magnetschicht. Die ist in etwa die gleiche, wie sie deine Eltern (oder Großeltern) noch von den Magnetbändern der alten Musik- oder Videokassetten kennen.

Die Aufnahme von Musik oder Filmen bei einem solchen Kassettenrekorder oder Videorekorder entspricht dem **Speichern** von Daten beim Computer. Und wenn

> man sich eine Musikkassette anhörte oder ein Video anschaute, ließ sich das beim Computer mit dem **Laden** von Daten vergleichen. Heutzutage schaut man sich oft über den PC Filme an oder hört mit dem Smartphone Musik.
>
> Heutige Festplatten entsprechen also den damaligen Kassetten. Und die Geräte, in denen die Festplatten stecken, heißen **Laufwerke**. Und weil Festplatten Daten mit sich herumtragen, hat man dafür den Namen **Datenträger** gefunden.
>
> Andere reden auch von **Speichermedien**. Auf jeden Fall lernst du einige von diesen »Dingern« im Laufe des Kapitels noch kennen.

Wenn du dir mal ansehen würdest, wie groß das Betriebssystem Windows und die Programme (Apps), mit denen man arbeitet, zusammen sind, dann wirst du verstehen, warum man Datenträger mit einem Riesenplatz benötigt: Viele Programme beanspruchen weit über 100 Megabyte oder gar mehr als ein Gigabyte, und Windows braucht je nach Version auch durchaus mal bis zu einigen Gigabytes Kapazität Speicherplatz auf der Festplatte.

BYTE FÜR BYTE

Nun willst du sicher wissen, was Byte ist und was **Kapazität** hier bedeutet: Damit ist der Platz gemeint, den ein Datenträger für deine Daten hat. Gemessen wird das in Byte. In ein Byte passt z.B. genau ein Textzeichen oder eine vergleichbare Information.

Früher war man froh, einen Datenträger zu haben, auf den mehrere Tausend Bytes passen. Heute genügt das längst nicht mehr. Deshalb gibt es ebenso wie bei Maßeinheiten für Längen und Gewichte einige Erweiterungen:

Die Maßeinheit **Kilobyte** ist für den Computer das, was Kilometer bei Strecken und Kilogramm bei Gewichten ist. Also wäre ein Kilobyte 1000 Byte. Neben Kilobyte gibt es noch **Megabyte**, **Gigabyte** und **Terabyte**. Hier sind alle Maße auf einen Blick:

Maßeinheit	Kürzel	Das wären wie viel Byte?	für den Computer
1 Kilobyte	KB	1.000	1.024
1 Megabyte	MB	1.000.000 (1.000 KB)	1.048.576
1 Gigabyte	GB	1.000.000.000 (1.000 MB)	1.073.741.824
1 Terabyte	TB	1.000.000.000.000 (1.000 GB)	1.099.511.627.776

> Eigentlich hat ein Kilobyte nicht genau 1.000 Byte, sondern etwas mehr. Das kommt daher, weil der Computer in seinem eigenen Zahlensystem arbeitet, dem sogenannten **Binärsystem** oder Zweiersystem. Und während das Dezimalsystem bei den Maßen mit Zehnern umrechnet, arbeitet das Binärsystem mit Zweiern.

Wenn du im Mathematikunterricht bereits mit Potenzen gerechnet hast, dann kannst du wahrscheinlich auch etwas mit dieser Tabelle anfangen:

Bezeichnung	Dezimal	Binär
Kilo	10*10*10 = 1.000 = 10 hoch 3	2*2*2*2*2*2*2*2*2*2 = 1.024 = 2 hoch 10
Mega	1.000 * 1.000 = 10 hoch 6	1.024 * 1.024 = 2 hoch 20
Giga	1.000 * 1.000 * 1.000 = 10 hoch 9	1.024 * 1.024 * 1.024 = 2 hoch 30
Tera	1.000 * 1.000 * 1.000 * 1000 = 10 hoch 12	1.024 * 1.024 * 1.024 * 1.024 = 2 hoch 40

Wenn nicht, dann genügt es zu wissen, dass im Dezimalsystem der Menschen mit glatten 1.000, im Binärsystem der Computer aber mit krummen 1.024 gerechnet wird.

Und es kommt noch krummer: Ein **Byte** wird nämlich noch mal unterteilt: in acht kleine Häppchen. Die nennt man **Bit**. Das ist die Abkürzung von »Binary Digit«, was so viel heißt wie Binärstelle. Das ist die absolut kleinste Zelle, die ein PC in seinem Speicher hat.

1 Byte

Dort passt entweder eine Eins oder eine Null hinein. Das sind also genau zwei Möglichkeiten. Um viele verschiedene Daten darzustellen, genügt das natürlich nicht. Deshalb wurden acht Bit zusammengefasst und so entstand der Begriff Byte.

In den Anfangszeiten des Computers war das genug. Inzwischen aber arbeitet ein moderner PC mit noch größeren Blöcken (von 32 oder 64 Bit, also mehreren Bytes). Und damit hat er noch mehr Möglichkeiten, Daten in Ketten von Nullen und Einsen umzuwandeln.

Die Arbeitsweise eines Computers wird übrigens als digital bezeichnet. Im Unterschied dazu arbeiten viele andere Geräte analog. Was ist der Unterschied?

Ein **analoges** Signal kann stärker oder schwächer, länger oder kürzer sein, und zwar stufenlos. Eine normale Lampe kann länger oder kürzer leuchten und ihr Licht kann heller oder dunkler sein. Dann gibt diese Lampe analoge Signale ab.

Ein **digitales** Signal kann nur »da sein« (binär = 1) oder »nicht da sein« (binär = 0). Eine Lampe blinkt, das heißt, sie geht an oder aus. Dann gibt diese Lampe digitale Signale ab.

> Ebenfalls analog arbeiteten die früheren Kassetten- und Videorekorder, während heutige Festplatten und CD/DVD-Rekorder (auch bei Audio-CDs und Video-DVDs) nur digital funktionieren.

ALLES DICHT

Die Festplatte deines PC sitzt im Computergehäuse. Würdest du das öffnen, bekämest du sie nicht so zu sehen wie in der Abbildung. Man kann zwar ein Festplattenlaufwerk aufmachen wie eine Konservendose, aber damit wird es automatisch unbrauchbar.

Gerade weil es hier beim Unterbringen von Daten so eng zugeht, darf keinesfalls auch nur das kleinste Staubkörnchen dazwischenkommen. Deshalb müssen Festplattenlaufwerke vakuumverpackt sein – ähnlich wie frisch gemahlener Kaffee.

Um noch mehr Platz für Daten zu haben, werden heute eigentlich bei allen Festplattenlaufwerken gleich mehrere Magnetscheiben dicht übereinander in ein Gehäuse gepackt. Trotzdem heißt das Ganze dann immer noch Festplatte (man spricht also hier nicht von der Mehrzahl Festplatten). Von außen siehst du ja ohnehin nicht, wie viele Scheiben im Laufwerk sitzen.

Beeindruckend ist, was diese Dinger heutzutage an Platz zu bieten haben: nicht Kilobyte, nicht Megabyte, nein: Gigabyte oder gar Terabyte. Und davon gleich mehrere. Das sind dann Abertausende von Megabytes oder viele Millionen bis Milliarden von Kilobytes. Wenn das nicht reicht!

> Weil eine Festplatte so viel Platz zu bieten hat, wird sie oft in mehrere **Partitionen** unterteilt: Für den Computer ist das dann so, als gäbe es mehrere Laufwerke. Die erste Partition wird in der Regel für Windows und die Programme (Apps) genutzt, die du installiert hast. Die anderen Partitionen verwendet man für Daten wie Texte, Bilder, Musik und Videos.

Ein weiterer Vorteil von Festplatten ist die Geschwindigkeit, mit der Daten gespeichert und geladen werden können: Festplatten drehen sich immerhin weit über 5.000-mal pro Minute. Auch dadurch sind die Zeiten fürs Speichern und Laden recht schnell.

NOCH SCHNELLER UND KOMPAKT: FLASH-SPEICHER

Dass es außer den Festplatten noch etwas anderes zum Speichern und Festhalten von Daten geben muss, könnten sich Besitzer von Smartphones und Tablets denken. Hier rattert also kein Laufwerk, obwohl auch diese Speicher unter Windows als Laufwerke gelten können. Moderner aber ist da der Ausdruck Datenträger (oder Datenspeicher).

Immer mehr im Kommen sind die sogenannten **Flash-Speicher**. Das sind Speicherchips, in denen sich nichts mehr bewegt. Sie stecken in Sticks, die man in einen der Universal-Anschlüsse am Computergehäuse einstecken kann (genannt USB-Sticks), in den kleinen Speicherkarten, die man für Handys und Kameras benutzt, und in »Laufwerken«, die mit **SSD** abgekürzt werden: »Solid State Drive« (oder auch »Solid State Disk«), was auf Deutsch so viel bedeutet wie »Festkörper-Laufwerk«. Klingt so ähnlich wie Festplatten-Laufwerk (englisch: Hard Disk Drive).

Flash-Speicher können Daten schneller transportieren als Festplatten, weil hier keine mechanische Bewegung stattfindet, die ja Zeit kostet. Große Speichermedien können Festplatten ersetzen, kosten allerdings noch immer deutlich mehr.

Flash-Speicher ähneln im Prinzip dem Arbeitsspeicher (RAM) deines PC. Während der sich aber Daten nur merken kann, solange er mit Strom versorgt wird, haben Flash-Speicher sozusagen ein Dauergedächtnis.

Beim RAM spricht man auch von **dynamischem** Speicher: Das Gedächtnis muss hier ständig aufgefrischt werden. Beim Flash-Speicher dagegen genügt jeweils ein elektrischer »Auffrischungsvorgang«, um Daten zu speichern, zu ändern oder zu löschen. Deswegen nennt man das auch **statischer** Speicher.

EXTERN ODER INTERN

Gerade Flash-Speicher sind als externe Datenträger weit verbreitet. Man kann hier auch von **Wechseldatenträgern** sprechen. Für eigene Datensammlungen werden heutzutage kleine Sticks bevorzugt, die es fast überall zu kaufen gibt. Sie haben viel Speicherplatz zu bieten und lassen sich über einen Universal-Anschluss (kurz: USB) ganz einfach mit dem Computer verbinden.

Natürlich gibt es außer den eingebauten (internen) auch externe Festplatten, die von außen z.B. an ein Notebook angeschlossen werden können. Während Flash-Speicher wie USB-Sticks (zurzeit) bis zu 256 GB (oder mehr) haben können, gibt es anschließbare Festplatten schon mit Kapazitäten von einigen TB.

DATENTRÄGERFENSTER

Nach diesen langen Erläuterungen weißt du über Festplatten und einige andere Datenträger erst mal genug, um damit zu arbeiten.

Wie erfährt man eigentlich, was auf einer Festplatte drauf ist? Hineinschauen kann man ja nicht, man würde auch nur Magnetscheiben zu sehen bekommen. Aber es gibt ja die sogenannten Datenträgerfenster. Da sollten wir mal einen Blick drauf werfen.

» Doppelklicke in der Desktop-Ansicht auf das COMPUTER-Symbol (das auch mal ARBEITSPLATZ oder DIESER PC heißen kann).

> In der Kachel- oder Tablet-Ansicht tippst du auf das Symbol für ALLE APPS.

> Dann suche unter WINDOWS SYSTEM den Eintrag COMPUTER oder DIESER PC. Tippe darauf.

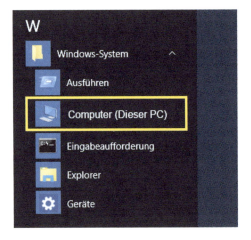

DATENTRÄGERFENSTER

Nun ist das zugehörige Fenster geöffnet. Darin siehst du die Symbole der Datenträger, die dein PC hat. Das ist mindestens je eins für die Festplatte (oder für mehrere Partitionen) und bei einem Notebook oft auch eins für ein CD/DVD-Laufwerk. (Auch über CDs und DVDs erfährst du noch einiges in diesem Kapitel, aber erst später.)

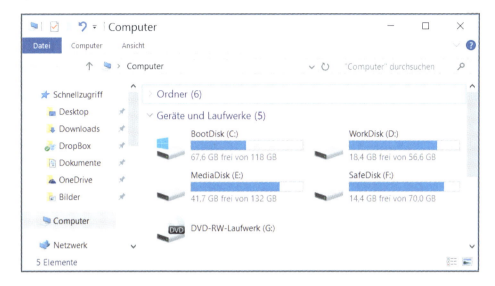

> Was bedeuten die Großbuchstaben hinter den Namen für die Datenträger?
>
> Jedem Laufwerk bzw. Datenträger wird vom Betriebssystem keine Nummer, sondern ein Buchstabe zugeordnet. Damit man genau erkennt, dass es sich um ein Laufwerk handelt, steht direkt dahinter immer ein Doppelpunkt.
>
> Für die allerersten PC-Laufwerke waren die Kennzeichnungen A: und B: reserviert, für die erste Festplatte ist es immer noch C:. Die übrigen Buchstaben bis Z: können sich andere Laufwerke teilen. (Dabei kann z.B. auch eine zweite Festplatte sein oder ein Laufwerk für CDs oder DVDs oder ein Flash-»Laufwerk«.)
>
> Wie du siehst, lässt sich offenbar noch einiges an deinen PC anschließen.

» Und nun doppelklicke auf eines der Symbole für die Festplatten bzw. Partitionen. Die Beschriftung kann auch z.B. LOKALES LAUFWERK oder DATENTRÄGER heißen.

Das Fenster, das du jetzt siehst, zeigt dir, was alles auf dem Laufwerk C: gespeichert ist. Weil jeder im Laufe der Zeit andere Daten ansammelt, sieht es in deinem Laufwerkfenster sehr wahrscheinlich anders aus als in der Abbildung. (Das könnte auch bei dir der Inhalt des Datenträgers sein, auf dem Windows gespeichert ist.)

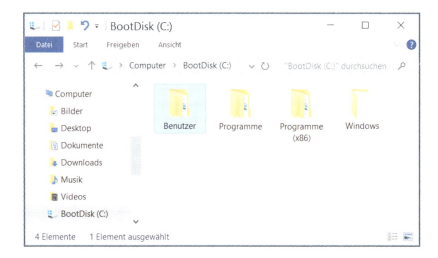

So ähnlich kannst du dir eine Magnetscheibe in einem Festplattengehäuse vorstellen:

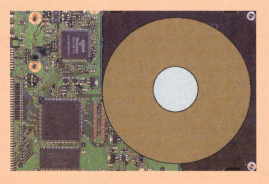

Um genau festzulegen, wo welche Daten gespeichert werden sollen, muss eine solche Scheibe in Blöcke aufgeteilt sein.

Dazu werden eine ganze Reihe schmale **Spuren** auf jeder Magnetoberfläche markiert. Wenn man es sehen könnte, würde das so ähnlich aussehen wie die Laufbahnen in einem Stadion. Das können durchaus mehrere Tausend sein. Festplatten bestehen immer aus mehreren Scheiben. Das gibt dann also insgesamt noch mehr Spuren für die ganze Festplatte.

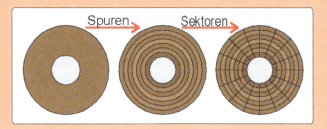

Jede Spur wird jetzt noch mal unterteilt. Das ist so ähnlich, als würde man einen Weg mit Betonplatten auslegen. Man nennt diese Abschnitte **Sektoren**. Dabei gibt es auf den äußeren Spuren mehr Sektoren als auf den inneren. Denn die Spuren sind außen ja länger als innen. Im Durchschnitt kann so eine Festplatte durchaus Hunderte von Sektoren pro Spur haben.

Soll eine Datei auf eine Festplatte gespeichert werden, sucht der Computer nach Sektoren, die noch frei sind. Dann unterteilt er die Datei in Blöcke, die gerade so groß sind, dass jeder Block in einen Sektor passt. Jeder Block kommt jetzt in einen Sektor auf der Festplatte.

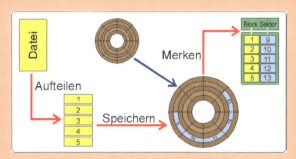

Beim Speichern merkt sich der Computer nun, in welchem Sektor er den ersten Block abgelegt hat, wo der nächste Block liegt usw.

Dazu legt er in der äußeren Spur ein Inhaltsverzeichnis an. In der Abbildung ist die Datei in fünf Blöcke aufgeteilt worden und wurde in den Sektoren von 9 bis 13 abgelegt, weil dort gerade Platz war.

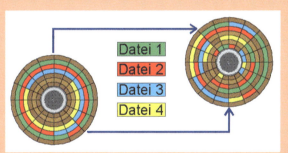

Es kann aber auch passieren, dass z.B. nur drei hintereinanderliegende Sektoren frei sind und der Computer sich woanders Platz für die restlichen Dateiblöcke suchen muss. Das kommt umso häufiger vor, je öfter auf der Festplatte etwas gespeichert und gelöscht wird. Denn die Dateien sind ja verschieden groß und benötigen deshalb beim Speichern unterschiedlich viele Sektoren.

Man spricht dann von einer **Fragmentierung**. Ist ein Datenträger sehr stark fragmentiert, kann es länger dauern, Dateien zu laden, weil der Computer sich die Daten von verschiedenen Stellen umständlich zusammensuchen muss.

Unter Windows gibt es ein Dienstprogramm, das fragmentierte Dateien so umordnet, dass alle Blöcke wieder zusammenliegen.

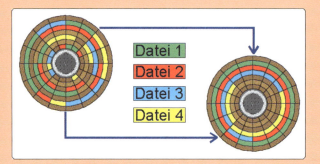

Diesen Service findest du bei Windows in der Regel mit der rechten Maustaste über das Start-Menü unter SYSTEMSTEUERUNG und dort unter SICHERHEIT UND WARTUNG. Dort gibt es auch weitere Hilfsdienste, um dein System in Ordnung zu halten.

FENSTER ANPASSEN

Manchmal ist es sinnvoll, gleich mehrere Fenster zu öffnen, um einen Gesamtüberblick darüber zu haben, was sich so auf den Datenträgern angesammelt hat. Dabei jedoch kann es passieren, dass man vor lauter Fenstern nicht mehr viel sieht, weil eines das andere überdeckt. Eine Möglichkeit, das Problem zu beheben, kennst du bereits:

» Klicke rechts oben auf das linke Symbol (den Strich oder das Minuszeichen), damit das störende Fenster zum Symbol in der Taskleiste wird.

Das ist aber hier nicht gerade die allerbeste Lösung, wenn du lieber alle Fenster im Blick haben willst. Dann musst du die Fenster so lange verschieben und ihre Größe ändern, bis alles passt.

Ein Fenster lässt das aber nicht immer mit sich machen. Zuerst muss es dazu im Vordergrund sein.

Mit einem Klick (oder Tipp) lässt sich das Fenster in den Vordergrund bringen. Auf dem Desktop kann das immer nur ein Fenster sein.

FENSTER ANPASSEN

> Wenn du ein Fenster schnell in den Vordergrund bringen willst, dann klicke einfach auf das, was du vom Fenster sehen kannst. Ist das Fenster allerdings völlig von anderen verdeckt, hast du Pech gehabt: Dann hilft nur der Klick auf das zugehörige Symbol in der Taskleiste.

FENSTER VERSCHIEBEN

So kannst du ein Fenster auf dem Desktop beliebig verschieben:

≫ Zeige auf die Titelleiste. Das ist der obere Fensterrand, in dem sich auch die drei Symbole u.a. für das Schließen des Fensters befinden.

Sobald du die Maustaste drückst und die Maus bewegst, verschiebt sich das Fenster mit.

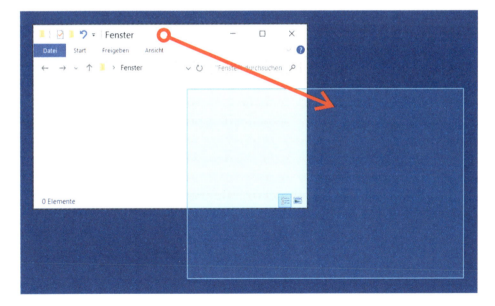

≫ Ziehe das Fenster dorthin, wo du es haben willst. Dann lasse die Maustaste wieder los.

FENSTERGRÖSSE ÄNDERN

Wahrscheinlich lassen sich nicht alle Fenster unbedingt so anordnen, wie du es gern hättest, weil vielleicht das eine oder andere zu groß ist. Dann kannst du die Größe so ändern:

≫ Zeige mit der Maus auf eine Ecke (der Mauszeiger wird zu einem kleinen schrägen Doppelpfeil).

Sobald du die Maustaste drückst und die Maus bewegst, verändert sich die Fenstergröße.

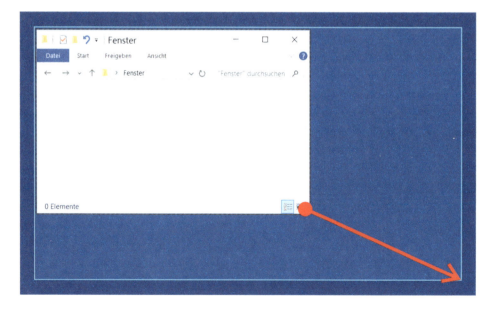

FENSTER ANPASSEN

≫ Nun ziehe den Rahmen mit der Maus auseinander oder schiebe ihn zusammen.

≫ Wenn dir die Größe passt, lasse die Maustaste wieder los.

DIE SACHE MIT DEN BILDLAUFLEISTEN

Weil Festplatten heutzutage scheinbar unendlich viel Speicherplatz haben, haben manche Leute (wie ich) mit der Zeit immer mehr Zeug angesammelt. Vieles davon braucht man eigentlich gar nicht mehr, aber wenn der Platz da ist, behält man es eben. Denn wer räumt schon gerne auf?

Da kann es nun passieren, dass man ein Fenster so groß macht wie möglich. Und trotzdem kriegt man nicht alles auf einen Blick, was eine Fensteransicht eigentlich zu bieten hat. Das gilt auch für Anwendungen, etwa wenn ein Text aus mehreren Seiten besteht.

Wenn nicht alles in ein Fenster passt, wachsen ihm an der rechten und unteren Seite seltsame Wülste. Die werden **Bildlaufleisten** genannt. Den Namen haben sie deshalb, weil man damit die Anzeige im Fenster verschieben kann. Man hätte sie auch Anzeigeverschiebewülste nennen können, aber Bildlaufleisten klingt viel schöner. (Auf Englisch sagt man dazu **Scrollbars**.)

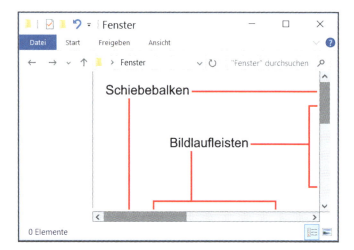

Mal sehen, was passiert, wenn du diesen Dingern mit der Maus auf den Speck rückst. Hat das Fenster, das gerade geöffnet ist, keine Bildlaufleisten? Dann verkleinere es so lange, bis an den Rändern die Bildlaufleisten auftauchen.

≫ Zeige auf den **Schiebebalken** am rechten Rand und ziehe ihn nach oben oder unten.

≫ Zeige auf den **Schiebebalken** am unteren Rand und ziehe ihn nach links oder rechts.

In allen Fällen verschiebt sich der Inhalt des Fensters. Das kannst du nun so lange wiederholen, bis der Ausschnitt zu sehen ist, den du dir anschauen möchtest.

Da sind doch noch diese vier kleinen Knöpfe mit den Dreiecken – an jeder Ecke einer. Wenn du darauf klickst, blätterst du dich in kleinen Abschnitten weiter in eine Richtung.

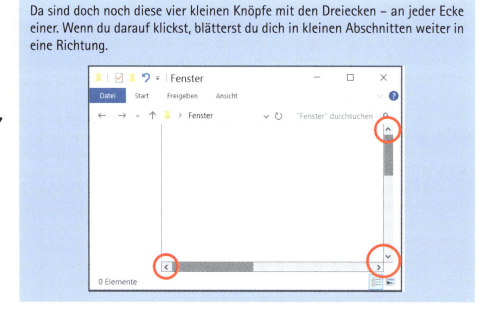

FINGERSPIELE

Auch bei einem Tablet oder Smartphone möchte man oft mehr als den gerade angezeigten Inhalt anschauen, häufig muss man sogar Ausschnitte verschieben, weil besonders beim Smartphone das, was man zu sehen bekommt, deutlich weniger ist als auf einem großen Bildschirm.

Hier benutzt du einen Finger und fährst damit nach rechts oder links, nach oben oder unten. Damit verschiebst du den aktuellen Ausschnitt in die entsprechende Richtung und bekommst etwas Neues zu sehen.

So lassen sich auch große Bilder ausschnittweise anschauen. Und diese Schiebtechnik funktioniert nicht nur für zu große Anzeigeflächen. Auch durch Kontaktlisten und Kalenderseiten kannst du dich blättern, indem du mit dem Finger von oben nach unten oder links nach rechts wischst – oder jeweils umgekehrt.

GEBRANNTE SCHEIBEN

Außer einem Laufwerk für Festplatten gibt es bei den größeren Computern ein weiteres Laufwerk, in das man Scheiben hineinlegen oder -schieben kann. Die glitzern verführerisch und haben ca. 12 cm Durchmesser. Sie gibt es in verschiedenen Ausführungen.

Du kennst solche Scheiben einmal unter dem Namen **CD**, das ist die Abkürzung für »Compact Disc«. Früher wurde darauf nur Musik gespeichert, inzwischen packt man alles drauf, was es so an Daten gibt: Bilder, Programme, Spiele und nicht selten findet sich auf kostenlosen CDs viel Müll, den man eigentlich nicht braucht. Befüllte CDs gibt es inzwischen wie Sand am Meer, nicht wenige kosten nur ein paar Euro. Und außerdem kann man den Inhalt von CDs sogar selbst zusammenstellen, für weit weniger als einen Euro pro Scheibe.

Disk oder Disc? Bei Festplatten oder Flash-Speichern, bei denen Datenträger und Laufwerk eine Einheit sind, spricht man von **Disk**. Die Scheiben, die man in ein Laufwerk einlegen oder hineinschieben kann, nennt man **Disc**. Hier sind Datenträger und Laufwerk getrennte Elemente. Deshalb benutzt man für alle diese Scheiben auch gern den Ausdruck Speichermedien.

DISC-ALLERLEI

Mehr als auf eine CD passt auf die **DVD**, reicht dir das nicht, musst du zur **Blu-ray Disc (BD)** greifen, aber die kostet zurzeit noch ziemlich viel. Hier ein kleiner Überblick, wie viele Daten auf diese Scheiben passen:

Disc	Scheibengröße	Kapazität
CD (Compact Disc)	12 cm	bis 700 MB
DVD (Digital Versatile Disc)	12 cm	4 oder mehr GB
BD (Blu-ray Disc)	12 cm	15 oder mehr GB

Insgesamt unterscheidet man drei Grundtypen. Dabei gilt im Folgenden das, was ich über CDs erzähle, natürlich auch für DVDs und BDs.

Bei der **CD-ROM** werden die Daten von einem Hersteller eingebrannt und dein Computer kann sie lesen, wenn du sie in das CD-Laufwerk eingelegt hast. Eigene Daten kannst du darauf allerdings nicht speichern. Und die Daten auf der CD-ROM lassen sich auch nicht ändern oder löschen.

Die zwei anderen Typen sind CDs, auf die man selbst etwas speichern kann. Dazu muss dein Laufwerk ein sogenannter **Brenner** oder CD-Writer sein. Mit einem solchen Laufwerk lassen sich Daten auf CDs brennen. Der Begriff Brennen hat hier nichts mit Feuer zu tun, deshalb sollte man besser von Einbrennen reden.

Wenn du mit einem heißen Draht oder Lötgerät kräftig über den Schreibtisch fährst, entstehen gut sichtbare Rillen. Ähnlich macht das ein Laserstrahl: Während Festplatten magnetisiert werden, brennt der Laser eine fast unsichtbare Rille in eine leere CD – in Form einer sehr, sehr langen Spirale.

Dabei kommt dann tatsächlich etwas Sinnvolles heraus, was man vom eingebrannten Muster im Schreibtisch nicht sagen kann. (Es ist also besser, sich das nur vorzustellen!)

Etwas auf eine CD zu brennen, ist komplizierter als das Speichern von Daten auf Magnetscheiben. Deshalb gibt es zwei Sorten von Brennern und entsprechend auch zwei verschiedene CDs:

Die **CD-R** ist zuerst völlig leer. Man nennt das auch **CD-Rohling**. Der CD-Brenner kann so lange Daten auf die CD brennen, bis sie voll ist. Das kann er auch in mehreren Abschnitten tun. Das Fachwort dafür ist **Multisession** (ausgesprochen: Multi-seschen).

Auch die **CD-RW** ist zuerst ein Rohling. Hier kann der passende CD-Brenner Daten auf die CD brennen, sie wieder »wegbrennen«, also löschen, und durch neue Daten ersetzen. Das funktioniert in der Regel bis zu mehreren Hundert Malen, also keinesfalls so oft wie bei Festplatten.

Über die wichtigsten Disc-Typen gibt dir diese Tabelle einen Überblick:

Name	Abkürzung für	Bedeutung
CD-ROM DVD-ROM BD-ROM	Read Only Memory	Daten können nur gelesen werden, sie lassen sich also nicht verändern oder löschen.
CD-R DVD-R BD-R	Recordable	Daten lassen sich einmalig (aber auch in mehreren Schritten) speichern und können dann nur noch gelesen werden.
CD-RW DVD-RW BD-RW	ReWritable	Daten lassen sich speichern und auch wieder löschen oder ändern.

Ein CD-Brenner für CD-RWs kann auch mit CD-Rs umgehen. Außerdem können alle CD-Brenner auch CD-ROMs lesen. Und wie erwähnt: All das gilt auch für DVDs und Blu-ray-Scheiben und die entsprechenden Brenner.

WAS IST AUF DER CD?

Wenn du dir den Inhalt einer CD anschauen willst, geht das genauso wie bei Festplatten. Das ist bei allen Datenträgern das Gleiche: Man öffnet ein Fenster und findet dort den Inhalt, den eine CD oder DVD oder BD zu bieten hat.

Bei vielen CDs, DVDs oder BDs lässt sich auf Doppelklick automatisch ein Programm starten. Manchmal aber will man sich nur den Inhalt einer solchen Scheibe anschauen. Das geht über das Kontextmenü.

Dazu klickst du mit der **rechten** Maustaste auf das Laufwerk-Symbol für CD, DVD oder BD und dann im Menü auf ÖFFNEN.

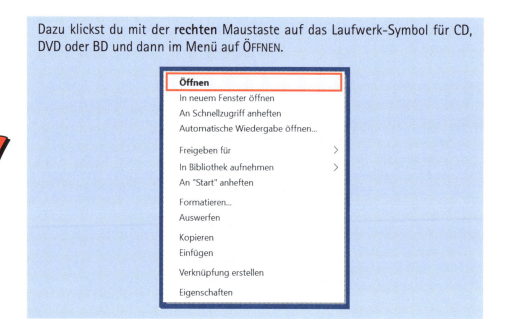

ÜBERALL-SPEICHER: DIE CLOUD

Allen Datenträgern, die ich dir bis jetzt vorgestellt habe, ist eines gemeinsam: Sie müssen immer vor Ort sein, um Daten darauf zu speichern oder sie von dort zu holen. Entweder sind sie direkt in den PC eingebaut, ob die Festplatte oder die Flash-Speicherplatte (SSD) im Notebook, ob der Speicher in Tablet oder Smartphone, oder sie lassen sich irgendwie an einen Computer anschließen.

Hat man nun nicht nur ein Gerät, sondern gleich mehrere, so wünscht man sich, dass man die Daten untereinander abgleichen kann. Das heißt: Was ich mit meinem Notebook zusammenstelle, würde ich mir gern auch auf meinem Tablet anschauen können. Und wenn ich mal mit dem Smartphone unterwegs bin, hätte ich nichts dagegen, wenn ich auch da mal einen Blick auf meine Daten werfen könnte.

Das lässt sich machen, wenn man einen Datenträger mitschleppt, den man einfach immer wieder an- und abstöpselt. Klingt aber umständlich und ist umständlich. Besser, man hätte seine Daten an einem Platz untergebracht, der sozusagen wie eine Wolke ständig über einem schwebt, ganz egal, an welchem Ort der Welt man sich gerade aufhält.

ONEDRIVE

Die Firma Microsoft als Hersteller von Windows bietet mit **OneDrive** genau einen solchen von überall erreichbaren Platz an. Voraussetzung ist, dass du mit dem

Internet verbunden bist. Denn dieser »Datenträger« befindet sich in einem der Computer von Microsoft – irgendwo in Deutschland oder einem anderen Land.

> Normalerweise versucht Windows bereits bei der Installation, eine Internetverbindung herzustellen. Dazu sind in der Regel diese Eingaben nötig:
> - entweder müssen die Daten eines Internetanbieters und ein Kennwort eingegeben werden, um direkt mit dem Internet verbunden zu werden,
> - oder es ist die Eingabe eines Schlüssels aus Zahlen und Zeichen nötig, wenn der Computer mit einem Router verbunden werden soll.
>
>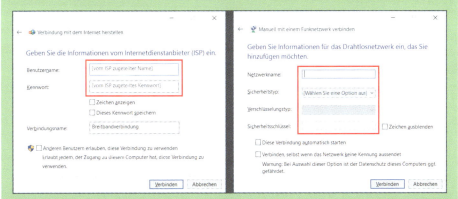
>
>
> Sollte es für dich dabei Probleme geben, lässt du dir am besten von demjenigen helfen, der die Internetverbindung finanziert.

Genannt wird das Ganze **Cloud** (Wolke). Es handelt sich dabei um einen Speicherplatz, den die Anbieterfirma dir kostenlos auf ihren Computersystemen zur Verfügung stellt. Neben Microsoft mit OneDrive gibt es eine ganze Reihe anderer Anbieter wie z.B. **Google** und **Dropbox**. In der Regel sind das mehrere Gigabyte, in einigen Fällen sogar bis zu 25 GB. Bist du bereit, dafür monatlich zu zahlen, können es auch mehrere Hundert GB oder gar einige TB Speicherplatz für deine Daten sein.

Der Vorteil einer Cloud ist, dass du von überall auf der Welt aus über das Internet (mit einer E-Mail-Adresse und einem Passwort) auf diese Daten zugreifen kannst. Der Nachteil ist, dass du nicht weißt, wie gut diese Daten geschützt sind, und du nicht absolut sicher sein kannst, dass sie nicht verloren gehen.

Die Anbieter solcher Clouds sind natürlich bemüht, deine Daten so gut wie möglich zu sichern und zu schützen, denn sie setzen ja sonst ihren guten Ruf aufs Spiel. Auf jeden Fall ist es wichtig, dass alle Daten, die du in einer Cloud ablegst, auch noch einmal irgendwo bei dir zu Hause auf einer Festplatte oder einem USB-Stick (oder auf DVD) gespeichert sind.

≫ Öffne das Start-Menü und suche nun den Eintrag ONEDRIVE, dann klicke oder tippe darauf.

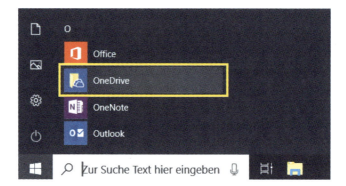

≫ Nach einer Weile landest du im Willkommen-Fenster. Klicke dort auf STARTEN.

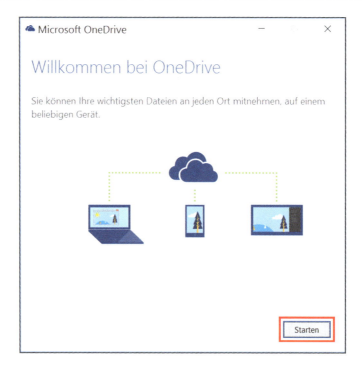

Als Nächstes kommt das Anmeldefenster. Hier hast du nun die Möglichkeit, dich mit deiner E-Mail-Adresse und einem Kennwort anzumelden, falls du schon ein Konto bei **Windows Live** hast. Sonst musst du dich neu registrieren.

Von Zeit zu Zeit ändert Microsoft das Aussehen dieses und der folgenden Fenster. Womöglich sieht das Ganze bei dir also inzwischen anders aus.

ÜBERALL-SPEICHER: DIE CLOUD

≫ Erledige das und klicke oder tippe dann auf ANMELDEN.

Bist du endlich angemeldet, dann erwartet dich die Information, dass du auf die Daten in der OneDrive-Cloud ebenso zugreifen kannst wie auf Daten, die im Speicher deines Computers abgelegt sind.

Dazu werden Kopien dieser Daten auf einem Teil deiner Festplatte abgelegt. (Über die Schaltfläche ÄNDERN kannst du bestimmen, wo genau.)

≫ Als Nächstes kannst du auf WEITER klicken oder tippen.

Im nächsten Fenster musst du nun festlegen, welche Ordner OneDrive mit deinem PC synchronisieren soll.

≫ Entferne die Häkchen für die Ordner, die du von der Synchronisation ausnehmen willst. Dann klicke oder tippe auf WEITER.

≫ Im letzten Fenster musst du dann nur noch auf FERTIG klicken oder tippen.

Und es gibt ein weiteres Plätzchen für deine Daten.

DATEN FÜR DIE CLOUD

In deinem neuen Speichermedium (oder Datenträger) kannst du nun aus deinem Datenbestand etwas ablegen. Zum Beispiel den oder die Briefe, die du in den Kapiteln 3 und 4 geschrieben hast. Das geht ebenso wie das Kopieren und Verschieben von Dateien auf der Festplatte oder z.B. einem USB-Stick. (Mehr dazu erfährst du in Kapitel 6.)

Und diesen Brief kannst du dir in deinem nächsten Auslandsurlaub anschauen, wenn du willst. Also von überall aus in der Welt, wo es einen Internetzugang gibt. Ebenso wie deine Fotosammlung, wenn du sie in einer Cloud gespeichert hast.

In Zukunft könntest du alle deine Briefe und andere Daten auch direkt in der Cloud unterbringen – wenn du das willst. Ob das sinnvoll ist, ist eine andere Frage. Denke stets daran, dass deine Daten »irgendwo in der Fremde« sind. Also empfiehlt es sich, vorher genau abzuwägen, für welche Daten man die Cloud nutzen will.

ZUSAMMENFASSUNG

Von Scheiben und Platten hast du nun erst einmal genug. Immerhin weißt du nicht nur, was Festplatten sind, sondern kennst auch ein paar andere Datenträger:

Datenträger	Kapazität	Daten speichern	Zugriff
Festplatte	bis einige TB	beliebig oft möglich	von einem festen Ort aus (lokal)
CD, DVD, BD	700 MB bis über 50 GB	z.T. nicht oder eingeschränkt möglich	Daten transportierbar
Flash-Speicher	bis einige TB	beliebig oft möglich	Daten transportierbar
Cloud	kostenlos einige GB, sonst bis einige TB	beliebig oft möglich	von überall (global)

Du weißt, wie man sich den Inhalt von Datenträgern anschauen kann und wie sich die zugehörigen Fenster in ihrer Größe und Lage anpassen lassen:

Fenster größer oder kleiner machen	Zeige auf den Rand, bis sich der Mauszeiger in einen kleinen Doppelpfeil verwandelt.
	Ziehe dann am Fensterrahmen, bis die gewünschte Größe erreicht ist.
Fenster verschieben	Zeige auf die Titelleiste.
	Ziehe dann den Fensterrahmen dorthin, wo das Fenster liegen soll.
Fensterinhalt verschieben	Ziehe die Schiebebalken der Bildlaufleisten, bis du den gewünschten Ausschnitt sehen kannst.

Im nächsten Kapitel geht es um mehr Ordnung im Computer. Dabei erfährst du auch einiges Neues über das Verwalten von Dateien.

6 JETZT WIRD AUFGERÄUMT: KOPIEREN, VERSCHIEBEN, LÖSCHEN

Im Laufe der letzten drei Kapitel hast du nun ausgiebig Zeit gehabt, herauszufinden, ob dir die Arbeit am Computer Spaß macht.

In diesem Fall wirst du natürlich immer mehr mit diesem Ding anstellen wollen. Da sammelt sich auf deinen Datenträgern mit der Zeit einiges an Dateien an. Die Anzahl wächst und wächst und damit wird auch das Chaos dem in deinem Zimmer immer ähnlicher. Höchste Zeit, mal richtig aufzuräumen!

IN DIESEM KAPITEL LERNST DU

◉ wie du Dateien kopierst oder verschiebst,

◉ wie du Dateien löschst,

◉ wie du gelöschte Dateien wieder herstellen kannst.

VON EINEM DATENTRÄGER ZUM ANDEREN

Wir brauchen jetzt zwei Fenster. Eines, in dem wir mindestens eine Datei vorfinden. Und eines, das noch ganz leer ist. Ich habe mich für den Ort entschieden, an dem unser Brief aus dem dritten Kapitel liegt.

≫ Öffne über das Computer-Symbol ein Fenster.

Das Öffnen geht über Doppelklick mit der Maus auf das Symbol. Du kannst aber auch mit der **rechten** Maustaste ein Kontextmenü öffnen. Dort klickst du auf den Eintrag ÖFFNEN.

Ohne Maus mit einem Touchscreen hältst du den Finger auf dem Symbol gedrückt, beim Loslassen öffnet sich das Kontextmenü, in dem du dann auf den Eintrag ÖFFNEN tippst.

≫ Wähle nun das Symbol für den Datenträger, auf dem sich deine Brief-Datei befindet, und öffne auch hier das zugehörige Fenster. Dann klicke oder tippe dich bis zu dem Ordner durch, in dem du deine Briefe findest – bei mir war das der Ordner DOKUMENTE (und dort liegen auch noch ein paar andere Dateien herum).

Damit bist du an der Quelle angelangt, von der aus wir unsere Aktionen starten. Wobei wir nicht alle Dateien »herumschubsen« wollen, sondern nur zwei: außer dem Brief noch ein Bild (damit der Brief nicht so allein sein muss).

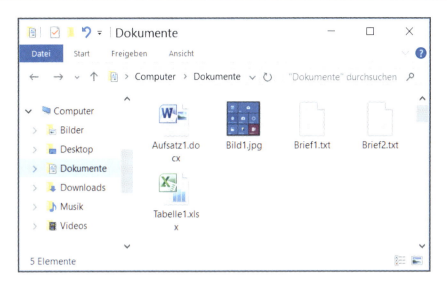

Nun brauchen wir noch ein Ziel. Das kann eine andere Festplatte sein oder z.B. ein anderer externer Speicher, also auch eine Cloud. Das wäre die Gelegenheit, ein paar Dateien in die Ferne zu schicken. Wenn du aktuell nicht mit dem Internet verbunden bist, kannst du auch z.B. einen USB-Stick benutzen.

≫ Suche den Ordner, den du im letzten Kapitel für die Cloud eingerichtet hast. Öffne ihn.

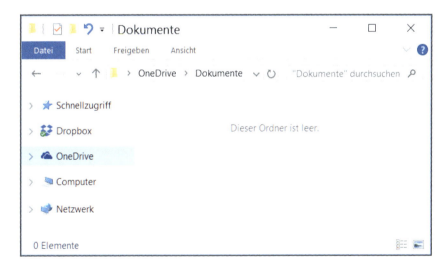

In unserem Fall ist der Ordner leer, denn wir haben ja in der Cloud noch nichts gespeichert, doch das soll sich bald ändern.

≫ Und nun verändere die Position und die Größe der beiden Fenster so lange, bis sie nebeneinander auf den Bildschirm passen.

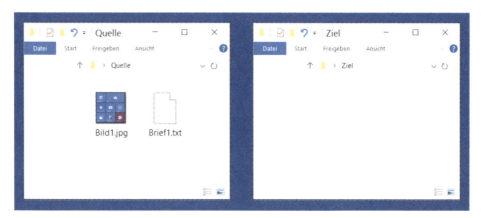

DATEIEN KOPIEREN

Es ist auf jeden Fall sinnvoll, wichtige Dateien, die sich schon auf der Festplatte befinden, auf einem andern Datenträger zu speichern. Denn falls mal etwas passiert und die Festplatte ihren Geist aufgibt, sind die Daten noch an einem anderen Platz vorhanden.

> Bei einem Computer sind alle Teile zusammen ein so kompliziertes Miteinander und Durcheinander, dass ganz plötzlich auch mal was kaputtgehen kann.
>
> Wenn man bedenkt, dass sich bei einer Festplatte alles exakt bewegen muss, und das bei mehreren Tausend Umdrehungen pro Minute, dann kann einem schon angst und bange werden. Hier wird nicht in Millimetern gerechnet, sondern in Mikrometern oder Nanometern: 1.000 Mikrometer sind ein Millimeter, und 1.000 Nanometer sind ein Mikrometer. In das Laufwerk darf nicht einmal ein Staubkörnchen geraten. Und auch Erschütterungen mag eine Festplatte gar nicht gern.
>
> Kurz: Irgendwann kann es auch dich erwischen: Die Festplatte will auf einmal nicht mehr funktionieren. Und das bedeutet, dass alles futsch ist, was darauf gespeichert war. Und wenn du eine volle Platte mit riesigem Speicherplatz hattest, dann ist der Verlust besonders groß. Wie willst du das alles jemals wieder zusammenbekommen?
>
> Programme und Spiele kann man oft neu installieren. Die Texte, die man geschrieben hat, die Bilder, die man gezeichnet hat, die Spielstände, die man gesichert hat, sind endgültig verloren. Es sei denn, man hat sie regelmäßig auf

anderen Datenträgern gespeichert. Das kostet mich jeden Abend ein paar Minuten. Aber mir hat nicht nur eine Festplatte Lebewohl gesagt und ich habe auf der neuen jedes Mal alles wieder komplett einrichten können.

Übrigens sind Flash-Speicher nicht automatisch zuverlässiger, weil sie keine mechanischen Teile enthalten. Auch eine SSD oder ein USB-Stick können irgendwann einmal ihre Funktion verweigern. Die darauf gespeicherten Daten sind futsch. Deshalb sollten davon noch irgendwo anders Kopien liegen.

Wenn du deine wichtigsten Dateien noch irgendwo anders aufbewahrst, sie also doppelt oder mehrfach vorhanden sind, spricht man von **Backup**. Auf Deutsch nennt man so etwas auch **Sicherheitskopie**. Es kann nicht schaden, von manchen Daten mehrfach Backups zu haben.

Wir kopieren jetzt beispielhaft zwei Dateien, und wenn du weißt, wie das geht, dann kannst du natürlich beliebig viele Dateien auf ein anderes Speichermedium übertragen – wie z.B. in die Cloud oder auf einen USB-Stick.

Wenn du Dateien von einem Smartphone oder Tablet kopieren willst, klappt das natürlich auch mit einer Cloud als Ziel. Ein USB-Stick lässt sich aber an diesen Geräten in der Regel nicht anschließen. Dann musst du das Smartphone oder Tablet mit einem (größeren) PC verbinden und die Daten erst dorthin transportieren. Von da aus lassen sie sich dann an den USB-Stick weiterleiten.

Meine Dateien sind unter den Namen BRIEF1.TXT und BILD1.JPG auf der Festplatte gespeichert. Ich habe die Ordnerfenster für die Abbildungen so eingerichtet, dass sie möglichst einfach aussehen.

≫ Ziehe das Symbol für BRIEF1 aus dem Festplatten-Fenster ins Fenster für das Wechsellaufwerk, das ist hier die Cloud oder der USB-Stick.

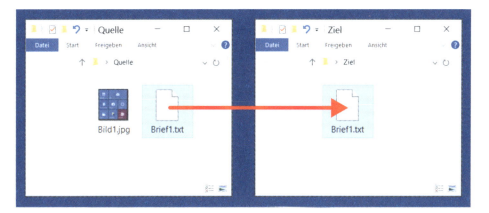

Sobald du die Maustaste loslässt oder den Finger anhebst, wird die Datei von der Festplatte auf deinen Datenträger (also in OneDrive oder auf den USB-Stick) kopiert.

> Kopiere auch die Datei BILD1 oder andere Dateien deiner Wahl auf den anderen Datenträger.

Nun sind auf dem neuen Datenträger schon zwei Dateien gespeichert. Dieselben Dateien sind aber auch immer noch auf der Festplatte vorhanden. Das siehst du daran, dass die Symbole nun in beiden Fenstern zu sehen sind.

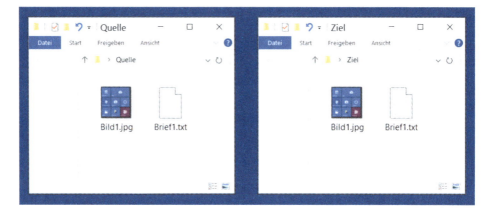

KOPIEREN ÜBERS KONTEXTMENÜ

Vielleicht gefällt dir auch die folgende Methode zum Kopieren. Dafür suchst du dir besser eine andere Datei zum Kopieren aus.

≫ Öffne im Festplatten-Fenster das Kontextmenü zum Symbol der Datei, die kopiert werden soll.

DATEIEN KOPIEREN

≫ Klicke oder tippe dort auf KOPIEREN.

Es wäre nun ein bisschen zu umständlich, wenn Windows die komplette Datei in den Zwischenspeicher übernehmen würde. Denn eine Datei kann unter Umständen ja riesig groß sein. Es genügt völlig, wenn Windows sich den Namen der Datei merkt, die du kopieren möchtest.

Damit Windows weiß, wohin die Reise gehen soll, musst du jetzt ins Fenster des anderen Datenträgers wandern.

≫ Klicke mit der rechten Maustaste auf eine freie Stelle im Fenster. Oder drücke und halte deinen Finger auf die freie Stelle. Damit öffnest du wieder ein Kontextmenü.

≫ Klicke oder tippe nun auf EINFÜGEN.

Und eine Weile später taucht das Symbol für die kopierte Datei im neuen Fenster auf.

Solltest du versucht haben, die Datei BRIEF1 noch mal zu kopieren, ist das nicht weiter schlimm. Dann machst du nämlich Bekanntschaft mit diesem Fenster:

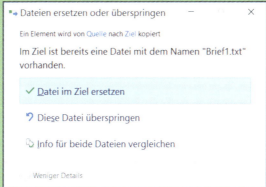

Willst du die Datei wirklich kopieren, dann kannst du auf die Fläche DATEI IM ZIEL ERSETZEN klicken oder tippen.

Willst du aber die alte und die neue Datei vorher noch einmal überprüfen, klickst oder tippst du besser auf INFO FÜR BEIDE DATEIEN VERGLEICHEN. Das ist z.B. sinnvoll, wenn du den Brief inzwischen noch einmal überarbeitet hast. Dann bekommst du Informationen über Datum und Größe der Datei.

Stehen beide Male dieselben Angaben für die Datei (oder ist die zu kopierende Datei älter), dann hättest du getrost auch DIESE DATEI ÜBERSPRINGEN wählen können.

Bei einem Klick auf DATEI IM ZIEL ERSETZEN wird die alte Datei auf dem Datenträger durch die neue **überschrieben**.

DATEIEN VERSCHIEBEN

Manchen ist ein Datenträger zur Aufbewahrung von wichtigen Dateien nicht genug. Ich zum Beispiel kopiere vieles lieber doppelt und dreifach. So kann praktisch nichts passieren: Und falls mal ein Datenträger defekt ist, habe ich ja noch einen (und vielleicht sogar noch einen dritten).

Wenn du nun ebenso vorsichtig bist, kannst du ja einfach den Kopiervorgang für die Cloud und einen USB-Stick (oder eine weitere Festplatte) wiederholt durchführen: Schon hast du eine Sicherheitskopie.

Anstatt Dateien zu kopieren, kannst du sie aber auch verschieben. Wenn du bestimmte Texte oder Bilder schon jeweils doppelt auf externen Datenträgern aufbewahrst, müssen sie nicht außerdem noch auf der Festplatte herumlungern. Dann ist es dort wieder aufgeräumter – und du hast mehr Platz (z.B. für neue Texte und Bilder).

Lasse uns das gleich mal ausprobieren:

➢ Entferne die Dateien wieder aus dem Ziel-Ordner, die du vorhin dort abgelegt hast. Dazu musst du sie markieren und die Taste `Entf` drücken. Aber auch im Kontextmenü findest du dafür einen Eintrag LÖSCHEN.

> Normalerweise fragt Windows in einem Meldefenster noch einmal nach, ob du die Datei wirklich »wegwerfen« willst. Bist du sicher, klicke auf JA.

Wenn du nun einfach das Symbol einer Datei vom einen ins andere Fenster ziehst, will Windows die Datei **kopieren**. Deshalb benötigen wir eine Zusatztaste, damit nur **verschoben** wird.

> Drücke die ⇧-Taste und halte sie gedrückt. Dann ziehe das Symbol aus dem Festplatten-Fenster ins Fenster des anderen Datenträgers.

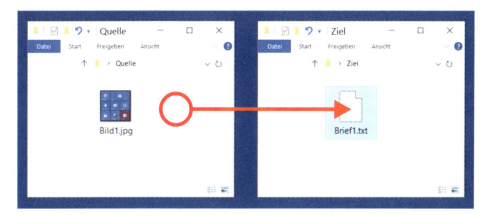

> Lasse erst die Maustaste und dann die ⇧-Taste wieder los.

Und schon wird die Datei von der Festplatte auf den USB-Stick (oder in die Cloud) verschoben. Einen Moment später ist die Datei aus dem einen Fenster verschwunden und taucht dafür im anderen wieder auf.

Verschiebe weitere Dateien in die Cloud, auf deinen USB-Stick oder eine andere Festplatte.

Nach dem Verschieben aller Dateien aus einem in den anderen Ordner könnte die Lage anschließend so aussehen:

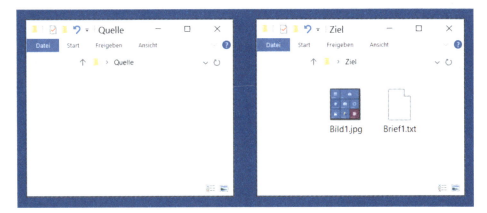

Wenn du ein Symbol von einem Fenster in ein anderes ziehst, entscheidet Windows nach der aktuellen Lage, ob eine Datei kopiert oder verschoben werden soll. In der Regel wird innerhalb eines Laufwerks automatisch verschoben und zwischen zwei Laufwerken automatisch kopiert.

Willst du selbst entscheiden, wann kopiert oder verschoben wird, dann kannst du zwei Tasten zur Hilfe nehmen, die du beim Ziehen gedrückt halten musst:

◆ Ziehst du ein Symbol bei gedrückter [Strg]-Taste, dann wird immer kopiert.
◆ Ziehst du ein Symbol bei gedrückter [⇧]-Taste, dann wird immer verschoben.

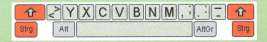

Beim genauen Hinschauen entdeckst du beim Ziehen des Symbols entweder einen Pfeil oder ein kleines Pluszeichen mit einem zusätzlichen Info-Text. Einmal wird verschoben, das andere Mal wird kopiert.

VERSCHIEBEN MIT SCHERE UND KLEBER

Dateien lassen sich auch über die Kontextmenüs der beiden Fenster verschieben. Das ist fast wie beim Kopieren. Wenn du willst, kannst du das gleich mit einer weiteren Datei versuchen.

≫ Dazu öffnest du im Festplatten-Fenster das Kontextmenü zum Symbol der Datei, die verschoben werden soll.

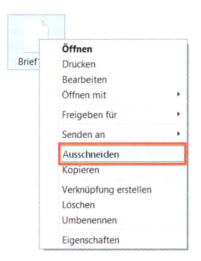

≫ Klicke oder tippe dort auf AUSSCHNEIDEN.

Und Windows merkt sich den Namen der Datei, die du verschieben möchtest. Nun geht es weiter im Fenster des anderen Datenträgers.

≫ Öffne dort wieder ein Kontextmenü.

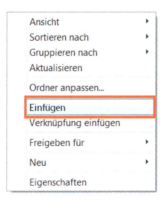

≫ Klicke oder tippe dann auf EINFÜGEN.

Und etwas später ist das Symbol für die verschobene Datei vom einen ins andere Fenster gewandert.

DATEIEN LÖSCHEN

Ab und zu muss ein Datenträger mal richtig aufgeräumt werden (das gilt besonders für Festplatten). Das heißt vor allem, dass alle Dateien, die man eigentlich schon lange nicht mehr braucht, gelöscht werden. Im Laufe der Zeit sammelt sich bei jedem eine ganze Menge Zeug an, das man genau genommen als Müll bezeichnen müsste. Dann gibt's nur eines: Nichts wie weg damit!

Auch für das Löschen gibt es gleich ein paar Möglichkeiten. Die einfachste kennst du schon:

≫ Markiere das Symbol der Datei, die du löschen willst. Drücke die Taste `Entf`.

In einem Meldungsfenster wird sicherheitshalber noch einmal nachgefragt, ob du die Datei wirklich loswerden willst.

≫ Klicke oder tippe dort auf JA. (Hast du's dir anders überlegt, klicke auf NEIN.)

Beim Löschen gibt es für interne Festplatten und Flash-Speicher (SSD) zu manchen externen Datenträgern wie z.B. USB-Sticks einen wichtigen Unterschied:

Willst du eine Datei von deiner Festplatte entfernen, dann erscheint dieses Abfragefenster:

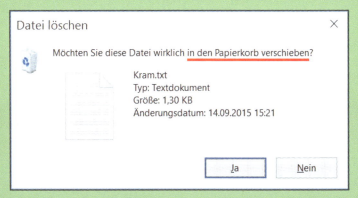

Wählst du JA, dann wird die Datei erst mal in einen Ordner verschoben, der den Namen Papierkorb trägt. In den schauen wir später noch mal rein.

Willst du aber eine Datei von einem Wechseldatenträger entfernen, dann kann der Text im Abfragefenster etwas anders aussehen:

DATEIEN LÖSCHEN

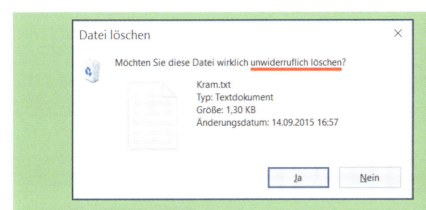

Entscheidest du dich hier für JA, dann wird die Datei wirklich entfernt. Und das unwiederbringlich. Mit anderen Worten: Hast du eine Datei von einem Datenträger aus Versehen gelöscht, obwohl du sie eigentlich gar nicht loswerden wolltest, dann hast du wirklich Pech!

DER PAPIERKORB

Nun zu der Löschmöglichkeit (die in der Regel nur für Festplatten gilt): In Wirklichkeit ist das nichts anderes als eine Art »Vor-Löschung«. Dazu dient der Papierkorb. Du siehst sein Symbol auf dem Desktop. Man kann eine Datei auch direkt dort hineinwerfen.

≫ Ziehe das Symbol der Datei, die du löschen willst, aus dem Datenträger-Fenster auf den Papierkorb.

Sobald du wieder loslässt, wird die Datei in den Papierkorb befördert. Aus dem Ordnerfenster (oder Laufwerksfenster) ist sie nun verschwunden. Dafür siehst du dem Papierkorb an, dass er nicht mehr leer ist.

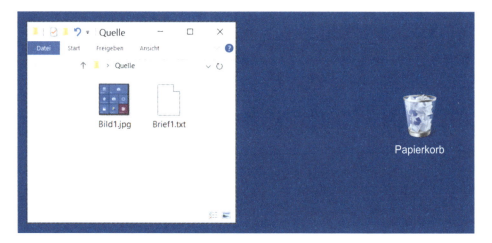

Das Ziehen einer Datei in den Papierkorb funktioniert nicht nur für Festplatten, sondern auch für Wechseldatenträger. Allerdings ändert sich nichts an dem, was ich oben schon beim Löschen mit der Taste [Entf] erwähnt habe:

Bei USB-Sticks z.B. sieht es nur so aus, als würde die Datei in den Papierkorb wandern. In Wirklichkeit wird sie ins Jenseits befördert.

Aber wie ist das nun mit dem Papierkorb? Windows belegt einfach ein Stückchen Platz auf deiner Festplatte, sperrt es ab und nennt das Papierkorb. Es hätte auch Mülleimer heißen können oder »Platz für gelöschte Dateien«. Aber der letzte Name ist unnötig lang und Mülleimer sind auch mir zu schmutzig.

Wenn du dich entschieden hast, eine Datei von der Festplatte zu löschen, dann wird diese Datei in Wirklichkeit nur auf der Festplatte verschoben. Und zwar in den Papierkorb.

Wenn du willst, kannst du in den Papierkorb hineinschauen.

≫ Dazu doppelklickst du auf das Symbol für Papierkorb.

Du siehst jetzt in einem Fenster das Symbol der Datei, die du vorher weggeworfen hast.

DATEIEN LÖSCHEN

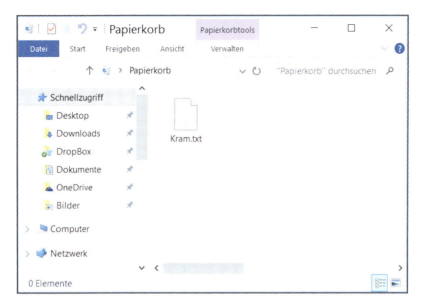

Nun hast du die Wahl. Du kannst die Datei wiederherstellen. Oder du sagst ihr endgültig Lebewohl.

So holst du eine Datei wieder aus dem Papierkorb:

≫ Klicke mit der rechten Maustaste oder drücke mit dem Finger auf das Symbol der Datei, die du gern wiederhaben willst. Damit öffnest du wieder ein Kontextmenü.

≫ Klicke oder tippe dort auf WIEDERHERSTELLEN. (Dieser Eintrag erscheint nur, wenn ein Symbol markiert ist.)

Das Symbol für die Datei verschwindet aus dem Papierkorb-Fenster und taucht im Festplatten-Fenster wieder auf.

» Zum Löschen wählst du den gleichnamigen Eintrag:

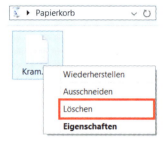

Nehmen wir an, du hast schon einiges an Schreibversuchen in Dateien gespeichert und die dann weggeworfen. Dann kannst du den Papierkorb auch in einem Rutsch leeren:

» Klicke mit der rechten Maustaste oder drücke im Papierkorb-Fenster auf eine freie Stelle.

» Im Kontextmenü wählst du den Eintrag PAPIERKORB LEEREN.

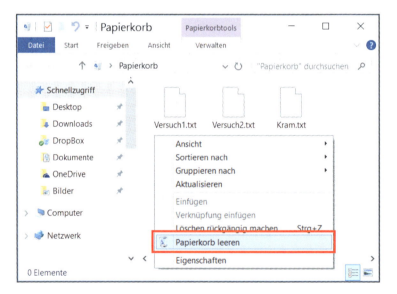

Zur Sicherheit wirst du noch einmal gefragt, ob du es mit dem endgültigen Löschen wirklich ernst meinst. So sieht das Meldefenster aus, wenn sich mehrere Dateien im Papierkorb befinden:

≫ Klicke auf JA.

Und nicht viel später ist der Papierkorb wirklich ratzeputz leer, wie man am Fenster und am Symbol sehen kann.

QUELLE UND ZIEL

Egal, ob du eine Datei kopierst, verschiebst oder wegwirfst: Es gibt jedes Mal eine Quelle und ein Ziel. Die Quelle ist der Ort, aus dem die Datei kommt. Und der Ort, wo die Datei landet, ist das Ziel.

Deshalb gibt es auch ein Quellfenster und ein Zielfenster. Im **Quellfenster** markierst du das Symbol für die Datei, die bewegt werden soll. Dann ziehst du sie ins **Zielfenster**.

Benutzt du das Kontextmenü, so klickst du dort im Quellfenster auf AUSSCHNEIDEN oder KOPIEREN und im Zielfenster auf EINFÜGEN.

Bisher hast du als Quelle stets die Festplatte benutzt. Und dein Ziel war die Cloud oder ein zusätzlich angeschlossener oder eingelegter Datenträger. Natürlich geht das auch umgekehrt. Wenn du z.B. von Freunden einen USB-Stick oder DVDs bekommst und von dort Dateien auf die Festplatte kopieren willst, dann ist der Wechseldatenträger die Quelle und die Festplatte das Ziel.

Dateien »von außerhalb« zu kopieren, kann heutzutage ganz schön riskant sein. Denn vor vielen Jahren kam irgendein Idiot auf die Idee, ein Programm in die Welt zu setzen, das in anderen Computern einigen Schaden anrichten kann. Und weil es auf der Welt nicht nur einen Idioten gibt, hatte die Idee viele Nachahmer. Deshalb finden sich inzwischen unzählige solcher Programme, die man **Viren** nennt.

Sie heißen so, weil sie ähnlich funktionieren wie z.B. ein Grippevirus, das dich erwischt und für Tage oder Wochen ans Bett fesselt. Dir geht es miserabel, dein inneres Betriebssystem will nicht mehr richtig laufen. Genau so schlimm kann auch ein Computervirus sein.

Diese Viren tun nichts anderes, als z.B. Dateien auf der Festplatte zu löschen, Programme unbrauchbar zu machen oder den Computer so zu verwirren, dass er gar nicht mehr starten will. Wenn du nun nachschaust, ob auf einem Datenträger so ein Virus ist, dann wirst du dort erst mal nichts davon entdecken können.

Man kann diese Biester also nicht »mit bloßem Auge« erkennen, indem man z.B. das Fenster des betreffenden Datenträgers öffnet. Viren begrüßen dich nicht mit einem netten Symbol, auf das du klicken und es in den Papierkorb ziehen kannst!

Und weil auf jedem fremden Datenträger (also auch einer privat gebrannten CD oder DVD) ein solcher Virus sitzen könnte, ist Vorsicht geboten. Am besten, du kontrollierst jeden Datenträger, der nicht direkt von dir stammt, mit einem **Virenschutzprogramm**, auch Virenscanner oder Antivirenprogramm genannt. Nicht zu Unrecht nennt man solche Programme auch Virenkiller, weil sie versuchen, einem entdeckten Virus gleich den Garaus zu machen.

Noch gefährlicher ist das Internet. Von diesem riesigen Netzwerk aus, in dem Computer in aller Welt miteinander über Telefonleitungen und per Funk verbunden sind, könnten jede Menge Viren unbemerkt in deinen Computer eindringen. Inzwischen gibt es weitere Schädlinge, die sich an deinem PC zu schaffen machen und ihn z.B. ausspionieren wollen. Und damit meine ich außer Desktop-PCs und Notebooks ausdrücklich **auch** Tablets und Smartphones.

Deshalb sind für das Wandern durchs Internet einige Schutzmaßnahmen nötig. Außer einem Virenscanner ist eine sogenannte **Firewall** sehr nützlich. Das ist ein Schutzprogramm, mit dem die Verbindung vom Computer zum Internet ständig überwacht und weitgehend geschützt wird.

Du willst wissen, wie du das Sicherheitssystem von Windows erreichst?

Wenn du im Desktop-Modus auf das Start-Symbol klickst, findest du dort ein Symbol, das aussieht wie ein Zahnrad. (Im Tablet-Modus steht es direkt zur Verfügung.)

Darauf klickst du und öffnest damit ein großes Fenster.

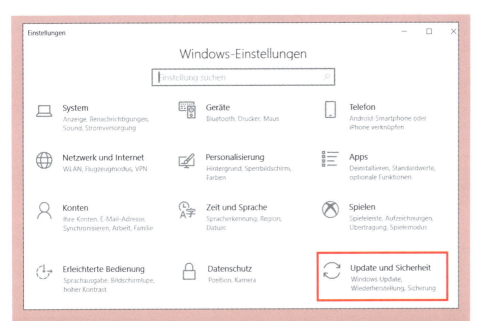

Dort gibt es zahlreiche Angebote, u.a. auch zu Netzwerk, Internet, Darstellung, Bedienung. Hier brauchen wir den Bereich UPDATE UND SICHERHEIT.

Mit einem Klick darauf ändert sich der Fensterinhalt.

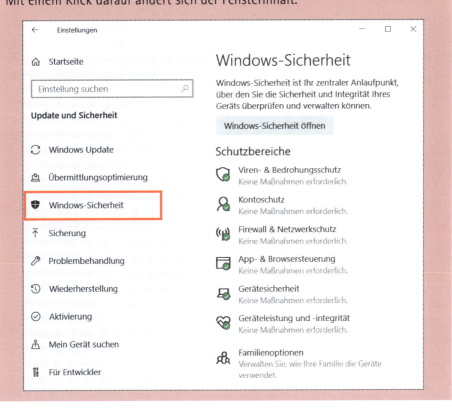

Jetzt wählst du links den Eintrag WINDOWS-SICHERHEIT, hier findest du einige Wege, den Computer betriebssicherer zu machen.

Am besten, du schaust dir erst mal nur die verschiedenen Möglichkeiten an. Wenn du dich dann besser auskennst, kannst du dich daran wagen, Einstellungen zu verändern. Oder du fragst jemanden um Hilfe.

ZUSAMMENFASSUNG

Eine kleine Pause gefällig? Immerhin hast du ja einiges an Paketen hin und her geschleppt. Und so manches ist dabei vielleicht im Papierkorb gelandet.

Um Ordnung in deinem Dateiensalat zu schaffen, musst du nicht darin herumrühren. Denn du kennst ja nun bessere Methoden:

Datei markieren	Klicke oder tippe auf das Symbol der Datei.
Datei verschieben	Halte die Taste ⇧ gedrückt. Ziehe das Symbol aus dem Quell-Fenster ins Ziel-Fenster.
Datei kopieren	Halte die Taste [Strg] gedrückt. Ziehe das Symbol aus dem Quell-Fenster ins Ziel-Fenster.
Datei löschen	Ziehe das Symbol aus dem Quell-Fenster auf das Symbol für den Papierkorb.
Gelöschte Datei wiederherstellen	Wähle im Kontextmenü des Papierkorb-Fensters WIEDERHERSTELLEN. (Gilt nur für Festplatten!)

Und wenn du eine Datei mal nicht ziehen willst oder kannst, kriegst du sie trotzdem dorthin, wohin sie soll:

Datei verschieben	Wähle im Kontextmenü des Quell-Fensters AUSSCHNEIDEN, im Kontextmenü des Ziel-Fensters EINFÜGEN.
Datei kopieren	Wähle im Kontextmenü des Quell-Fensters KOPIEREN, im Kontextmenü des Ziel-Fensters EINFÜGEN.
Datei löschen	Drücke die Taste [Entf].

Unsere Aufräumaktion ist noch nicht beendet, sondern geht im nächsten Kapitel weiter.

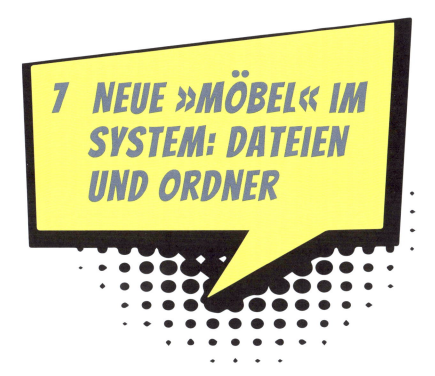

7 NEUE »MÖBEL« IM SYSTEM: DATEIEN UND ORDNER

Außer Laufwerken bzw. Datenträgern gibt es noch andere Behälter, die als Quelle und Ziel infrage kommen, wenn es um das Verschieben oder Kopieren von Dateien geht. Man könnte bei Datenträgern von Räumen oder Zimmern sprechen, hier soll es um Schränke und Regale gehen.

Diese Art von Behältern kannst du sogar selbst erstellen und ihnen auch einen Namen geben. Wie das geht, erfährst du hier. Außerdem geht es um das Archivieren von Daten.

IN DIESEM KAPITEL LERNST DU

◎ wie du Ordner anlegst,

◎ wie du Dateien und Ordner umbenennst,

◎ wie du Dateien suchst und findest,

◎ verschiedene Suchmethoden kennen.

ALLES IN ORDNUNG?

Wozu ein neuer Behälter? Wie du weißt, hat nicht nur eine Festplatte oder SSD (= Flash-Speicher) sehr viel Platz. Man kann also eine ganze Menge Dateien dort unterbringen. Viele Leute haben auf ihrer Festplatte über hundert oder sogar mehr als tausend Dateien angesammelt.

Wenn diese Dateien nun einfach so auf der Festplatte herumliegen, dann entsteht ein solches Chaos wie in einem Zimmer, in dem es keine Schränke, keine Regale und keinen Tisch gibt. Das ganze Zeug aus den Schränken und Regalen würde unter Umständen kreuz und quer auf dem Boden herumliegen.

Selbst das unordentlichste Zimmer hat mindestens einen Schrank oder ein Regal. Und weil Windows ein ordentliches Betriebssystem ist, gibt es auch dort so etwas wie Schränke und Regale. Die muss man sich bloß selber zurechtzimmern.

Sie haben auch einen Namen. Während der Schreibtisch in Windows **Desktop** heißt, werden hier die Schränke **Ordner** genannt. Das gilt für alle Behälter – Windows macht da keinen Unterschied zwischen Regalen, Kisten oder Schränken mit Schubladen oder Türen. Es gibt hier nur ein Grundmodell – ähnlich wie bei manchen Möbelhäusern.

EIN NEUER ORDNER

Deshalb ist es auch ganz einfach, einen Ordner anzulegen:

≫ Klicke mit der **rechten** Maustaste oder drücke mit dem Finger auf eine freie Stelle auf dem Desktop.

In dem Kontextmenü, das sich jetzt auf dem Desktop öffnet, findest du einige Angebote, was du auf dem Desktop anstellen kannst. Wir wollen jetzt einen neuen Ordner anlegen.

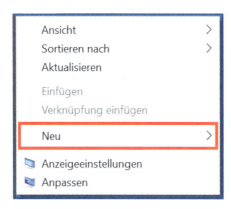

≫ Klicke oder tippe also im Kontextmenü auf NEU und wähle im Untermenü den Eintrag ORDNER.

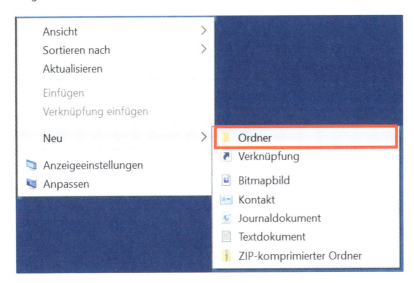

Und kurz darauf liegt auf dem Desktop ein neuer Ordner mit einem eigenen Symbol.

Weil Windows nicht weiß, wie du diesen Ordner nennen willst, steht darunter erst einmal »Neuer Ordner«. Du könntest diesen Namen eigentlich gleich übernehmen, denn es handelt sich ja auch um einen neuen Ordner.

Andererseits wird das wahrscheinlich nicht der einzige Ordner sein, den du anlegen willst. Und »Neuer Ordner (2)« wäre für den nächsten Ordner nicht gerade der beste Name. Also sollten wir den Ordner gleich passend benennen.

Weil der Text »Neuer Ordner« markiert ist, kannst du ihn nun einfach überschreiben.

≫ Willst du auf Nummer sicher gehen, drücke zuerst die Taste `Entf`.

Dann wird der Text »Neuer Ordner« gelöscht. (Würdest du einfach drauflos tippen, dann würde der alte Text automatisch verschwinden und dem neuen Platz machen.)

≫ Gib ein: `Mein Kram`. Du kannst dem Ordner natürlich auch einen anderen Namen geben.

Der Name des neuen Ordners scheint festzuliegen? Ein Eintippen ist nicht möglich?
- Dann klicke oder tippe auf das Ordnersymbol.
- Drücke die Taste [F2] (sie liegt direkt neben der Hilfetaste [F1]).
- Gib einen neuen Text ein.

≫ Hast du den Namen fertig eingetippt, dann drücke die Taste [↵]. (Falls dir ein Fehler unterlaufen ist, kannst du den vorher mit [Rück] wieder löschen und etwas Neues eintippen.)

Schließlich hast du nun einen Behälter für deinen Kram.

Windows gibt normalerweise allen Ordnern dasselbe Symbol. Dazu kommt ein Name, den du selbst wählst und für den im Prinzip genau das gilt, was du schon für Dateien weißt. Allerdings solltest du den Punkt und eine Kennung weglassen. Die sind nämlich in der Regel dafür da, um **Dateien** voneinander zu unterscheiden (z.B. TXT, DOC, JPG, XLS).

Ausnahmen für Ordnersymbole findest du, wenn du mal in anderen Fenstern nachsiehst. Ein paar Beispiele:

EINEN ORDNER FÜLLEN

≫ Und nun öffne deinen neuen Ordner mit Doppelklick und es erscheint (wie erwartet) ein Fenster.

ALLES IN ORDNUNG?

Manchmal ist ein Ordnerfenster beim Öffnen so schmal, dass Namen und Texte nicht ganz in die Anzeige passen. Aber du weißt ja, wie man ein Fenster vergrößert.

Auch wenn du das **Ordnerfenster** ganz groß machst, siehst du darin außer dem Text »Dieser Ordner ist leer« nur gähnende Leere. Das muss nicht so bleiben, denn du hast ja den Ordner angelegt, um dort künftig deine Briefe, Bilder und anderen Werke unterzubringen, die du schreibst oder malst. Mindestens einen Brief gibt es ja schon. Der liegt im Moment irgendwo auf der Festplatte herum.

≫ Öffne das COMPUTER-Fenster und klicke oder tippe dich dort bis zu dem Ordner durch, in dem deine Werke gespeichert wurden. (Bei mir heißt er DOKUMENTE.)

≫ Ziehe die Datei BRIEF1 in das neue Ordnerfenster. (Wenn du willst, kannst du auch noch weitere Dateien kopieren.)

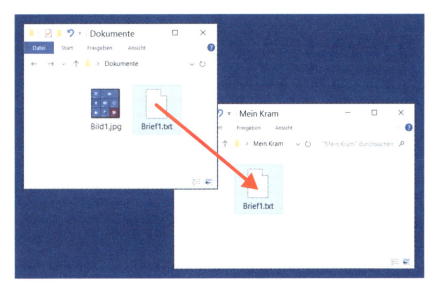

Es kann sein, dass die Datei nun aus dem Festplatten-Fenster in das Fenster des Ordners MEIN KRAM verschoben (statt kopiert) wurde. Das ist dann der Fall, wenn der Ziel-Ordner wie hier auf **demselben** Datenträger liegt wie der Quell-Ordner.

Willst du selbst entscheiden, ob die Datei kopiert oder verschoben wird, musst du beim Ziehen noch eine der Tasten `Strg` oder `⇧` festhalten.

Grundsätzlich gilt nämlich beim Ziehen ohne zusätzlich gedrückte Taste die Regel:

- Liegen Quelle und Ziel auf zwei **verschiedenen** Laufwerken bzw. Datenträgern, dann wird eine Datei **kopiert**.
- Befinden sich Quelle und Ziel auf dem **gleichen** Laufwerk oder Datenträger, dann wird die Datei nur **verschoben**.

Nun sieht es auf dem Desktop so aus, als würden der neu angelegte Ordner und die Festplatte zwei verschiedene Datenträger sein. Aber in Wahrheit sind die Desktop-Daten in irgendeiner Ecke deiner Festplatte gespeichert, damit Windows sie nach jedem Neustart des Computers auch wiederfindet.

Und alles, was du auf dem Desktop neu anlegst oder ablegst, wird natürlich auch auf derselben Festplatte gespeichert wie die übrigen Daten. Genau besehen hat Windows auf deiner Festplatte sogar einen Ordner eingerichtet, der den Namen DESKTOP trägt.

Beide und viele andere Ordner, in denen Windows alles ablegt, was es zum Arbeiten braucht, sind so auf der Festplatte gespeichert, dass man sie nicht sofort sieht, wenn man sich das Festplatten-Fenster anschaut. Sie befinden sich nämlich alle wieder in einem Ordner. Und der heißt WINDOWS.

Falls du vorhast, auch mal in andere Ordner hineinzuschauen und vielleicht dort ein paar Dateien zu verschieben, suche dir dazu bitte **nicht** ausgerechnet einen Ordner wie WINDOWS oder PROGRAMME aus. Denn wenn dort irgendwas verändert wird, bekommt und macht dein Computer unter Umständen mächtig Probleme.

ORDNER IM ORDNER

Einen Ordner kannst du nicht nur auf dem Desktop, sondern überall anlegen. Auf jedem Datenträger können Ordner sinnvoll sein. Immerhin passen da eine ganze Menge Dateien hinein.

Nehmen wir an, du willst einige Briefe und einige Bilder auf einem Wechseldatenträger speichern. Wäre es da nicht praktisch, dort zuerst jeweils einen Ordner mit den Namen BRIEFE und BILDER anzulegen?

Auf der Festplatte, wo sich sehr viel mehr Dateien tummeln, genügt es oft nicht mehr, einfach nur ein paar Ordner zu erstellen. Denn in der Regel besteht schon ein Programm oder ein Betriebssystem wie Windows aus so vielen Teilen, dass ein einziger Ordner die Übersicht nicht sehr verbessern kann. Das ist so ähnlich, als würden dein Schrank oder dein Regal keine Schubladen oder Fächer haben.

Demnach gibt es unter Windows auch die Möglichkeit, Ordner weiter zu unterteilen. Allerdings nicht mit einem neuen Typ, sondern wieder mit Ordnern. Dann sind die ersten Ordner sozusagen die Schränke und Regale. Deshalb nennt man sie auch **Hauptordner**. Und die Ordner, die in einem Ordner angelegt werden, sind die Schubladen oder Fächer. Und daher heißen diese Ordner auch **Unterordner**.

Das Anlegen von Unterordnern funktioniert genau so wie das Anlegen eines Hauptordners. Probieren wir's aus:

≫ Öffne den Ordner MEIN KRAM mit einem Doppelklick.

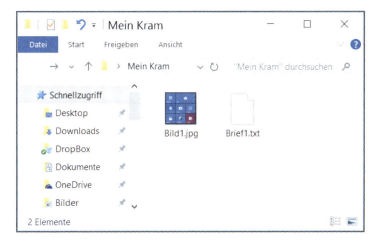

≫ Klicke mit der **rechten** Maustaste oder drücke mit dem Finger in das Ordnerfenster.

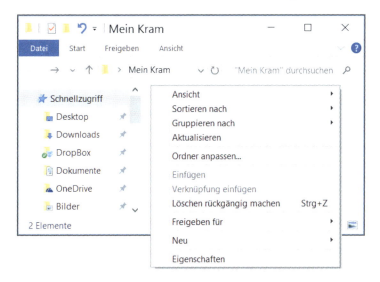

≫ Wähle im Kontextmenü NEU und dann ORDNER.

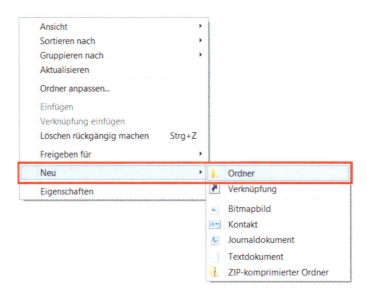

Und schon erscheint im Ordnerfenster das Symbol für einen neuen Ordner.

≫ Gib dem Ordner den Namen Briefe.

Lege noch einen Ordner an und nenne ihn z.B. Bilder.

Mit den zwei neuen Unterordnern sieht das MEIN KRAM-Fenster bei mir so aus:

ALLES IN ORDNUNG?

> Verschiebe die Datei BRIEF1 in den Ordner BRIEFE und die Bild-Datei in den Ordner BILDER.

Wenn die Ordner nicht mehr leer sind, verändert sich auch ihr Aussehen.

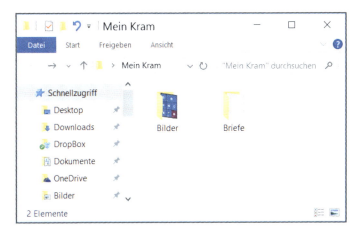

Wenn du willst, kannst du auch gleich noch mehr Ordner »erschaffen«, für Musik oder dein Tagebuch zum Beispiel.

Muss ich noch erwähnen, dass man in den Ordnern, die sich in Ordnern befinden, wieder neue Ordner anlegen kann? Und so weiter. (Das soll mal einer bei Schränken und Regalen nachmachen!)

ORDNER LÖSCHEN

Natürlich kann man auch Ordner wieder löschen. Wenn z.B. ein Ordner leer und daher überflüssig geworden ist, dann wirst du ihn ebenso los wie eine Datei, die du löschen willst.

> Ziehe das Symbol für den Ordner, den du loswerden willst, in den Papierkorb.

Gelöscht wird der komplette Ordner mit allem Drum und Drin. Wenn in einem Ordner also bereits Dateien sind, landen auch diese mit im Papierkorb. (Bei Wechseldatenträgern im Jenseits!)

Das gilt auch für gefüllte Ordner in einem Ordner: Also wird alles, was in diesem Ordner ist (egal wie viel), gelöscht. Wenn es im Papierkorb verschwindet (bei Festplatten), dann kann man es auch wieder daraus hervorholen. Bei Datenträgern, die keine Festplatten sind, ist die Löschung in der Regel endgültig!

ORDNER KOPIEREN ODER VERSCHIEBEN

Auch das Kopieren oder Verschieben funktioniert nicht nur bei Dateien. Es kann nämlich ganz schön lästig werden, alle Dateien eines Ordners an einen anderen Ort zu bewegen. Warum also nicht gleich den ganzen Ordner schnappen und kopieren bzw. verschieben?

◇ Die eine Methode geht über das Markieren und Ziehen – genau so wie bei einer Datei.

◇ Für die andere Methode muss das Ordnersymbol natürlich auch markiert sein. Dann kannst du (über die rechte Maustaste) das Kontextmenü benutzen – ebenso wie bei einer Datei.

WIE WÄR'S MIT EINEM ANDEREN NAMEN?

Bei den vielen Namen, die man sich ständig für eine Datei oder einen Ordner ausdenken muss, kann es schon mal passieren, dass man einen Namen erwischt, der einfach nicht passt.

Es könnte ja sein, dass du z.B. den Ordner MEIN KRAM anders nennen willst, sagen wir: MEINE WERKE oder GESAMMELTE WERKE. Für Windows kein Problem:

≫ Klicke mit rechts oder drücke auf das Symbol für den Ordner MEIN KRAM und öffne damit ein Kontextmenü.

≫ Suche den Eintrag UMBENENNEN (er steht ziemlich weit unten) und klicke oder tippe darauf.

≫ Gib einen neuen Namen ein.

≫ Bestätige den Namen mit ⏎.

Genau so funktioniert es auch, wenn du eine Datei umbenennen willst. Außerdem gibt es für beide Fälle – Dateien und Ordner – noch die Taste F2, mit der du den Namen zur Korrektur freigibst.

DATEIEN SUCHEN

Auch wenn man seine Dateien schön in Ordnern untergebracht hat, findet man nicht jede auf Anhieb wieder. Bei mir z.B. liegen inzwischen Tausende von Dateien auf der Festplatte herum, alle ordentlich verpackt in »Schränken« und »Schubladen« (= Ordnern und Unterordnern).

Trotzdem weiß ich nicht sofort, wo z.B. gerade ein bestimmtes Bild zu einem meiner letzten Bücher liegt, das ich erneut verwenden möchte. Ich weiß nur, dass da eine Tastatur drauf war. Wie hieß das doch gleich? Wahrscheinlich irgendwas mit Tasten. Vielleicht TASTEN.JPG? Oder TASTEN.TIF? Oder gar TASTATUR.TIF? Mal sehen, ob eine Datei mit diesem Namen zu finden ist:

DIREKTSUCHE

Wenn du deinen ganzen Computer vom Desktop aus durchsuchen willst, dann öffnest du am besten das COMPUTER-Fenster. Vermutest du die gesuchten Dateien auf einem bestimmten Datenträger, dann öffnest du das zugehörige Fenster. Die Suche dauert umso länger, je mehr durchforstet werden muss.

Auf Laufwerk C:, auf dem in der Regel Windows und die installierten Programme untergebracht sind, sollte man **keine** eigenen Daten speichern, sondern davon getrennt auf einer anderen Partition. Wenn Windows mal neu installiert werden muss, bleiben deine Daten davon unberührt.

Über SCHNELLZUGRIFF bekommt man meist die wichtigsten Ordner auf einen Blick.

Da ich zum Beispiel weiß, dass die gesuchten Dateien nur auf einem bestimmten Laufwerk sind, kann ich meine Suche darauf beschränken.

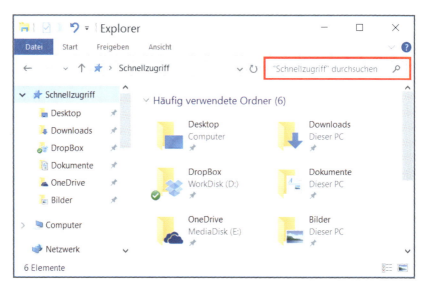

Im Feld oben rechts, wo u.a. das Wort »durchsuchen« steht, lässt sich nun ein Suchbegriff eingeben.

≫ Weil wir nach allen Dateien suchen wollen, in denen der Wortanfang TAST vorkommt, tippst du dort am besten tast*.* ein. (Genau genommen genügt hier schon die Eingabe der ersten Buchstaben, damit Windows mit dem Suchen beginnt.)

Sucht man nur eine einzige Datei, so kann man den kompletten Namen eingeben. Die Sternchen (*) sind sogenannte Platzhalter, an ihrer Stelle kann demnach alles Mögliche stehen:

◆ Bei einer Eingabe von tasten.* sucht Windows nach allen Dateien, die den Namen tasten (groß- oder kleingeschrieben) und eine beliebige Kennung haben.

◆ Bei einer Eingabe von *.txt wird nach allen Texten gesucht.

◆ Und gibst du *.* ein, macht sich Windows nach allem auf die Suche – was allerdings wohl keinen Sinn ergibt.

Es kann nun eine Weile dauern (vor allem, wenn viele Laufwerke und Ordner durchstöbert werden müssen). Zum Schluss werden die Namen aller gefundenen Dateien angezeigt. Das führte z.B. auf meiner Festplatte zu diesem Ergebnis:

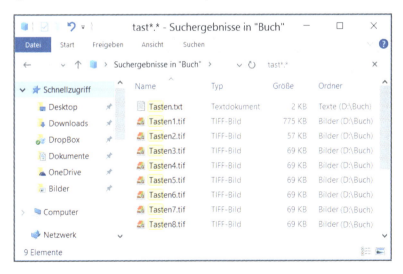

Es kann durchaus vorkommen, dass es eine ganze Reihe von Dateien mit dem Namensanfang »tast« gibt, und das mit verschiedenen Kennungen. Also z.B. sowohl Bilder als auch Texte (wie hier bei mir).

AUCH IM INTERNET SUCHEN

Auch über die Taskleiste kann man sich auf die Suche begeben. Da findest du ein Feld mit dem Text »Zur Suche Text hier eingeben«.

≫ Klicke mit der Maus oder tippe mit dem Finger dort hinein.

≫ Nun tippe einfach (auf der Tastatur) drauflos und die Ansicht könnte sich schon nach kurzer Zeit etwa so ändern:

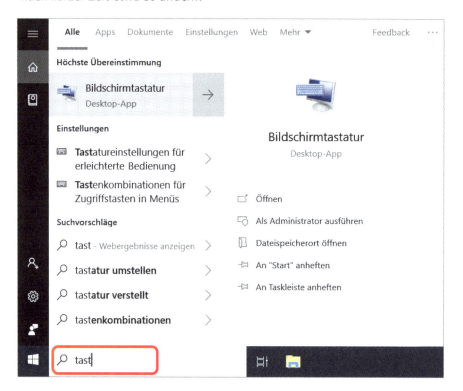

Zum Eingrenzen der Suche hast du nun verschiedene Möglichkeiten: wie du ganz oben siehst, kannst du u.a. nach Dokumenten oder im Internet (Web) suchen.

CORTANA

Weil Windows sogar eine Assistentin anbietet, die mehr als nur suchen kann, kannst du natürlich auch deren Hilfe beanspruchen. Damit lässt sich dann oft noch gezielter suchen, u.a. auch nach bestimmten Dingen in der Nähe deines Wohnorts. **Cortana** heißt diese Helferin, mit der man auch reden und die auch sprechend antworten kann – vorausgesetzt dein Computer hat ein Mikrofon. (Mit dem Smartphone geht es also schon mal problemlos.)

DATEIEN SUCHEN

Auch andere Systeme wie iOS von Apple und Android von Google haben einen Sprachassistenten. Die heißen dort Siri oder Google Now. In der Regel ist die Stimme weiblich, zum Teil lässt sie sich aber auch auf männlich umstellen.

Cortana kann über Schreiben oder Sprechen mit dir kommunizieren. Du kannst deine Fragen so stellen, wie du normalerweise sprichst. Also z.B. »Wie ist das Wetter heute?« oder »Wann regnet es?« oder »Wo kriege ich das neue Smartphone von XYZ am günstigsten?«

Voraussetzung ist natürlich, dass Cortana einige Informationen über dich bekommen hat. Wenn du bereit bist, ihr einiges über dich anzuvertrauen, dann lasse uns Cortana mal einrichten. Ansonsten kannst du diesen Abschnitt überspringen.

≫ Öffne das Start-Menü und suche in der App-Liste den Eintrag CORTANA.

≫ In einem Fenster an der Position, an der eben noch das Start-Menü war, stellt Cortana sich kurz vor.

> Wenn du interessiert bist, klicke oder tippe nach dem Lesen auf BEI CORTANA ANMELDEN.

> Du kannst aber auch erst mal schauen, was Cortana so zu bieten hat. Dann klickst du auf INFORMIERE DICH, WAS CORTANA ALLES TUN KANN.

Hast du auf Anmelden geklickt, geht es so weiter:

Cortana informiert dich kurz über ihre Absichten.

> Wenn du weitermachen willst, klicke auf ANMELDEN.

Du kannst dich nun mit demselben Konto anmelden, mit dem du dich bei Windows oder OneDrive angemeldet hast. Oder du erstellst ein neues.

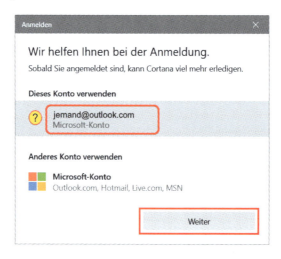

≫ Klicke anschließend auf WEITER.

Um Cortana mehr zu erlauben, musst du ggf. noch einige weitere Einstellungen vornehmen.

Hierbei geht es um den Datenschutz. Du kannst die Positionserkennung (z.B. über GPS) ein- oder ausschalten sowie einige andere Einstellungen vornehmen, die einen Zugriff auf deine Daten ermöglichen oder verhindern.

≫ Dazu klickst du auf das Start-Symbol und dann auf das Zahnrad-Symbol (das du im Tablet-Modus direkt findest).

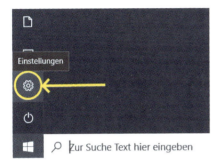 

≫ Im Fenster für die Einstellungen wählst du den neuen Eintrag CORTANA.

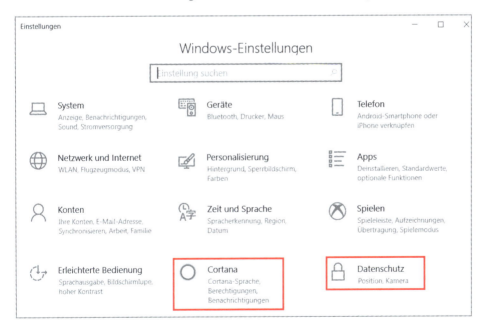

≫ Blättere alle Einträge auf der linken Seite einmal durch und überprüfe die Einstellungen.

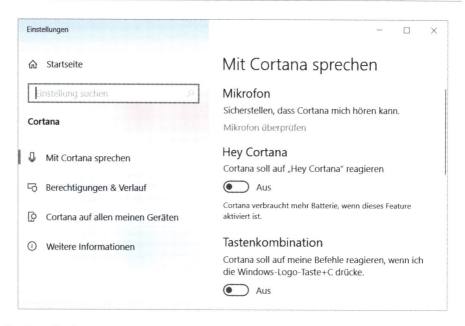

> Dasselbe kannst du nun auch unter DATENSCHUTZ tun:

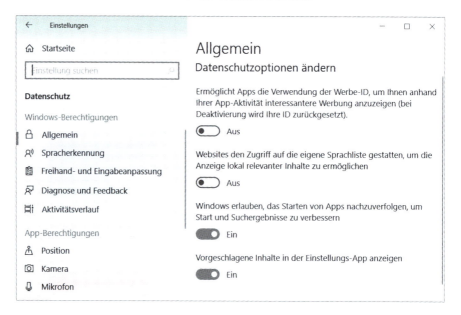

Ab jetzt kannst du so vorgehen wie bei der Suche, doch nach und nach wird Cortana immer mehr deiner Tätigkeiten am Computer mit einbeziehen, sodass die Suche immer gezielter auf dich persönlich abgestimmt ist.

Das hat Microsoft so perfektioniert, dass dir Cortana im Laufe der Zeit wie eine Bekannte vorkommen mag, eine echte Assistentin eben – bloß keine aus Fleisch und Blut.

ZUSAMMENFASSUNG

Nachdem du nun deine Datensammlung ordentlich geputzt hast und die Verluste hoffentlich gering waren, ist wieder eine Arbeitspause angesagt. Mal sehen, was hängen geblieben ist.

Du weißt, wie man Ordner anlegt und dass man mit ihnen ähnlich umgehen kann wie mit Dateien. Und du weißt, wie du dir beim Suchen nicht nur nach Dateien, sondern auch nach Informationen helfen lassen kannst.

Hier sind die wichtigsten Ordnungsmaßnahmen des letzten Kapitels:

Ordner erstellen	Wähle im Kontextmenü NEU und ORDNER. Gib einen Namen für den neuen Ordner ein.
Datei umbenennen	Wähle im Kontextmenü UMBENENNEN oder drücke auf F2. Dann gib einen neuen Namen ein.
Datei suchen	Gib in der SUCH-Zeile oben rechts in einem Fenster einen Namen ein.

Im nächsten Kapitel werfen wir mal einen Blick in diesen Kasten, der sich Computer nennt. Dazu sollte er ausgeschaltet sein und bleiben.

8 NICHT NUR FÜR TECHNIKFREAKS: DIE HARDWARE

Nun hast du mehrere Kapitel lang mit dem Computer gearbeitet: Du hast etwas eingegeben, Dateien hin und her geschoben, Ordner angelegt, dir die Inhalte von Festplatten und anderen Datenträgern angeschaut.

So kennst du jetzt die Tastatur, die Maus und den Bildschirm recht gut. Aber du weißt auch einiges über die Laufwerke für verschiedene Datenträger.

Alle diese Dinge, die du anfassen kannst, werden als **Hardware** bezeichnet. Und das, was für den Betrieb des Computers sorgt, bzw. die Anwendungen, die du darauf starten kannst, nennt man **Software**.

In diesem Kapitel geht es um die »harte Ware«, die du noch nicht kennst. Sie sitzt im Inneren des Gehäuses, in das du deine USB-Sticks geschoben und CDs oder DVDs eingelegt hast. Außerdem lässt sich da noch einiges mehr von außen an den Computer anschließen. Mal sehen, was es alles zu entdecken gibt.

IN DIESEM KAPITEL LERNST DU

◉ was eine Hauptplatine ist,

◉ den Prozessor kennen,

- etwas über den Unterschied zwischen RAM und ROM,
- einiges über Steckkarten und Schnittstellen,
- etwas über Verbindungen ins Internet,
- dass es verschiedene Drucker und Scanner gibt,
- ein paar Konkurrenten von Maus und Touchpad kennen,
- etwas über die PC-Verwandtschaft.

EIN ERSTER BLICK INS GEHÄUSE

Würdest du das erste Mal in ein Computergehäuse hineinschauen, wärst du wahrscheinlich erstaunt, was da so alles drin ist. Aber was hast du eigentlich erwartet?

Während bei einem sogenannten Desktop-PC das Computergehäuse recht geräumig ist und übersichtlich sein kann, geht es im Laptop-PC bzw. Notebook recht eng zu. Gleiches gilt für Tablets und Smartphones. Weil da noch weniger Platz ist, werden viele Computerfunktionen in Modulen dicht zusammengepackt.

 Besser, wenn du für dieses Kapitel den Computer nicht öffnest, außer du hast irgendwoher noch einen alten PC. Denn es hat schon seinen Reiz, sich mal anzuschauen, wie das Ding von innen aussieht. Dass das Gerät natürlich nicht am Netz angeschlossen und angeschaltet sein darf, versteht sich von selbst.

DIE HAUPTPLATINE

Wenn man die vielen Teile voneinander trennt und auf einem großen Tisch nebeneinander hinlegt, fällt als Erstes eine große rechteckige Platte auf, die im PC meist am Gehäuseboden festgeschraubt ist. Das ist die sogenannte **Hauptplatine**. Profis sprechen auch von **Mainboard** oder **Motherboard**. Zu Deutsch heißt das so viel wie Hauptplatine oder Mutterplatine. Wie in der Familie wird auch im Computer die Hauptarbeit der Mutter zugeordnet.

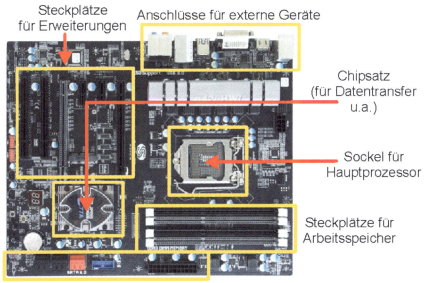

Obwohl die Hauptplatinen verschiedener Computer sich irgendwie ähnlich sehen, ist doch keine genau so wie die andere. Außerdem ändert sich da auch ständig etwas, weil jeder Hersteller mit seinem Mainboard noch mehr Möglichkeiten bieten möchte. Nur bei genauerem Hinsehen erkennt man heute noch, wo was sitzt.

DER HAUPTPROZESSOR

Schon wieder so ein Hauptding. Auf der Hauptplatine thront ein großer dicker **Chip**. So bezeichnet man elektronische Bausteine, die meistens einen schwarzen oder silberfarbenen rechteckigen Bauch haben und unten mit ganz vielen kleinen Beinchen bestückt sind.

Der wichtigste Chip auf der Hauptplatine ist der **Prozessor**. Dieser Baustein bestimmt in erster Linie, was im Computer an Prozessen so abläuft. Man kann auch sagen: Ohne ihn läuft nichts. Auf Englisch heißt dieses Ding »Central Processing

Unit«, abgekürzt **CPU**, was zu Deutsch so viel bedeutet wie Zentrale Prozessoreinheit. Also kurz: **Hauptprozessor**.

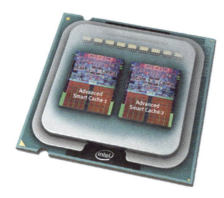

Die Prozessoren in den meisten PCs stammen von den Firmen **Intel** oder **AMD**. Vor allem für Smartphones gibt es einige weitere Hersteller von zumeist Strom sparenden Prozessoren, vor allem von **Qualcomm**.

Meistens sieht man vom Prozessor nichts oder kaum etwas, denn darüber sitzt ein oft riesiger Kühlkörper. Weil der Prozessor bei seiner Arbeit arg ins Schwitzen kommt, muss er gekühlt werden. Das erledigt in Desktop-PCs und Notebooks in der Regel ein kräftiger Lüfter. In Tablets und Smartphones müssen (kleinere) Kühlkörper genügen. Hier werden Prozessoren verbaut, die nicht so heiß werden dürfen wie die von größeren Computern.

Prozessoren arbeiten mit einer Geschwindigkeit, bei der dir angst und bange werden kann. Sie können viele Millionen Arbeitstakte in einer einzigen Sekunde ausführen. Man nennt das **Frequenz**.

Die Maßeinheit für die Frequenz ist **Hertz** (Abkürzung: **Hz**). Ein Hertz ist eine Schwingung, ein Schlag oder ein Takt pro Sekunde. Das hat nichts direkt mit dem Herzen zu tun, obwohl das ja auch schlägt: Hertz hieß der Wissenschaftler, nach dem diese Maßeinheit benannt wurde.

Aber auch der Herzschlag lässt sich in Hertz messen: Während deine Pumpe je nach Anstrengung mit einer Frequenz von etwa ein bis drei Hertz schlägt, machen Prozessoren heute schon locker mehrere 1.000 Megahertz (MHz), durchaus also z.B. zwei bis vier Gigahertz. (1 GHz = 1.000 MHz = 1.000.000 KHz = 1.000.000.000 Hz.)

Für die Geschwindigkeit eines Computers ist nicht allein der Prozessor wichtig, sondern ebenso alles das, was in der Hauptplatine sonst noch steckt. Vor allem der sogenannte **Chipsatz** hat eine große Bedeutung. Weil bei immer kleiner

> werdenden Gehäusen der Platz für Bauteile sehr eingeschränkt ist, packt man oft in den Chipsatz Elemente, die nicht nur für die Datenübertragung, sondern auch z.B. für Grafik und Sound zuständig sind.

DER ARBEITSSPEICHER

Ein Prozessor hat mit ganz schön vielen Daten zu tun. Er kann zwar sehr schnell damit umgehen, aber immer nur mit einer ganz bestimmten Menge von Daten. Dazu hat er in seinem schmalen Bauch eigene kleine Speicher, sogenannte **Register**. Die benutzt er wie Hände und reicht damit die Daten hin und her, wie er sie gerade zum Bearbeiten braucht.

Bei großen Datenmengen (und das sind z.B. Texte oder Bilder) reichen ein paar Register natürlich nicht aus. Damit der Prozessor auch weiß, wohin mit den vielen Daten, braucht er zusätzlichen Speicher. Sonst kann er mit Daten nicht richtig arbeiten. Denn alle Daten, die er nicht irgendwo zwischenlagern kann, gehen verloren.

Das ist so, als würdest du Geschirr abwaschen. Wenn du nicht mindestens ab und zu einen Teller auf der Spüle oder dem Küchentisch ablegen könntest, dann fällt dir der ganze Plunder plötzlich runter. Und der Teller oder mehr ist futsch.

Damit das im Computer nicht passiert, werden dort eine ganze Menge Ablagen gebraucht. Das ist dann schon eher wie in einer Großküche (und zwar einer riesigen).

Der **Arbeitsspeicher** des Prozessors besteht aus mindestens einer Chipkarte, die auf die Hauptplatine aufgesteckt wird.

Ähnlich wie für die CPU (was war das bloß noch mal?) haben Profis auch für den Arbeitsspeicher eine Abkürzung bereit: **RAM**. Auf Englisch heißt das »Random Access Memory«, frei ins Deutsche übersetzt ist damit ein Speicher gemeint, auf den man beliebig zugreifen kann. Der Prozessor kann dort also Daten nach Belieben speichern, verändern, löschen und natürlich auch wieder laden.

Weil dieser Speicher so wichtig ist, sagt man dazu auch **Hauptspeicher**. So hat also die Hauptplatine außer einem Hauptprozessor auch einen Hauptspeicher.

Der Prozessor kann seine Daten im Arbeitsspeicher sehr schnell ablegen, wiederholen, verschieben, löschen oder ändern. Große Datenmengen sind dort sehr viel schneller untergebracht als z.B. auf einer Festplatte.

Trotzdem hat der Arbeitsspeicher einen Nachteil: Er muss ständig mit Strom versorgt werden, damit er sein Gedächtnis nicht verliert. Sobald auch nur für den Bruchteil einer Sekunde mal irgendwo der Strom ausfällt, sind alle Daten verloren. Oder sie haben sich so verändert, dass sie meist unbrauchbar geworden sind.

Um Daten dauerhaft zu speichern, ist deshalb ein Datenträger wie z.B. Flash-Speicher (SSD) oder eine Festplatte unbedingt nötig. (Über die habe ich mich ja schon in Kapitel 5 ausgelassen.)

Festplatten haben deutlich mehr Platz als jedes RAM. Ganz abgesehen vom Preis: Ein Gigabyte RAM kostet etwa 50-mal so viel wie 1 GB Speicherplatz auf der Festplatte. Flash-Speicher ist zurzeit noch immer teurer als eine Festplatte, aber natürlich auch deutlich billiger als RAM.

NOCH MEHR SPEICHER: BIOS UND SETUP

Was nützt dem Prozessor der viele Speicher, wenn er nach dem Einschalten des Computers nichts zu tun hat? So schlau, eigenständig mit Daten zu arbeiten, ist ein Prozessor nämlich nicht. Damit er richtig loslegen kann, braucht er erst mal Anweisungen, die ihm sagen, wo es langgeht.

Und die bekommt er vom **BIOS**. Das ist das Startprogramm, ohne das kein Computer richtig funktionieren kann. Englisch heißt das Ganze »Basic Input Output System«, abgekürzt BIOS. Ins Deutsche übersetzt ist solch ein Startprogramm also ein Basissystem für Eingabe und Ausgabe.

Das BIOS wird natürlich in einem Speicher untergebracht, der nicht ständig mit Strom versorgt werden muss. Ein solcher Speicher hat also seine Daten fest eingebaut, und sie gehen beim Ausschalten des Computers nicht verloren.

Die Festplatte wäre für das BIOS nicht der richtige Ort, weil der Computer unabhängig von einem Laufwerk funktionieren sollte. Also spendiert man der Hauptplatine einen kleinen Chip, der **ROM** genannt wird.

DIE HAUPTPLATINE

ROM ist die Abkürzung für »Read Only Memory«, zu Deutsch ein Speicher, aus dem man nur lesen kann. Daten lassen sich dort also nicht verändern, löschen oder neu speichern.

Zusätzlich existiert ein kleiner Speicher, in dem das BIOS seine Daten unterbringt. Dort steht zum Beispiel, welche Laufwerke der Computer hat und über wie viel RAM er verfügt. Das ist das BIOS-**Setup**. Es befindet sich in einem kleinen Flash-Zusatzspeicher.

Die Setup-Daten in einem ROM zu speichern, wäre nicht sinnvoll. Denn würdest du in den PC z.B. eine neue Festplatte einbauen oder den Arbeitsspeicher erweitern, könnten diese Daten nicht mehr angepasst werden. Sie einfach im Arbeitsspeicher (RAM) unterzubringen, wäre aber auch nicht klug. Denn so müssten nach jedem Start unter anderem die Informationen über Laufwerke, Speicher usw. neu gesammelt und eingetragen werden. Für den Fall, dass auch das BIOS mal seine Daten vergisst, gibt es aber eine Möglichkeit, wenigstens die Standardeinstellung wiederherzustellen. Die sind nämlich auch im ROM gespeichert.

Es gibt quasi drei verwandte Sorten von »Gedächtnis«: Das RAM braucht eine ständige Stromversorgung, sein Inhalt lässt sich aber beliebig oft und rasend schnell ändern. Das ROM kennt seine Daten immer und braucht keine Stromversorgung, aber die Daten sind nicht veränderbar. Die letzte Speichersorte ist die interessanteste: Du findest sie z.B. in USB-Sticks oder Karten für Kameras, Handys und Smartphones sowie auch in immer mehr Notebooks. Die Flash-Speicher behalten ihr Gedächtnis ohne Strom, ihre Daten lassen sich ändern.

Wäre das nicht ein toller Ersatz fürs RAM? Leider ist diese Speicherart deutlich langsamer, beim Arbeitsspeicher kommt es jedoch auf höchste Geschwindigkeit an. Aber als Ersatz für Festplatten sind solche Datenträger immer mehr im Kommen, und Tablets oder Smartphones haben ja sowieso schon Flash-Speicher statt Festplatten.

Wenn du dir die Daten des BIOS-Setup einmal ansehen willst, dann musst du direkt nach dem Start des Computers eine bestimmte Taste drücken. In der Regel weist eine Anzeige wie die folgende auf diese Möglichkeit hin:

Hit F2, if you want to run SETUP

Das gilt für viele Setups. Andere verlangen auch nach einer Taste wie z.B. [Entf] oder [F12].

Was dich nun erwartet, könnte ein solches oder ähnliches Menü sein:

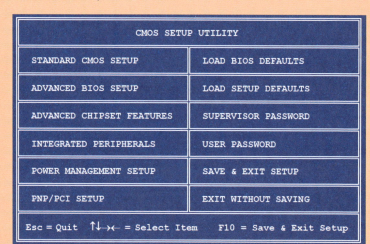

Mit **CMOS** ist der Baustein gemeint, in dem das BIOS-Setup gespeichert ist. Wenn du willst, kannst du mal mit den Pfeiltasten die Einstellung STANDARD CMOS SETUP auswählen und mit ⏎ bestätigen. Dann landest du in einem Dialogfeld mit den Standardeinstellungen.

Dort sind z.B. Datum und Zeit eingetragen. Und dort muss auch stehen, welche Festplatten und anderen Laufwerke zurzeit in deinem Computer installiert sind. Der Eintrag AUTO in der Tabelle bedeutet, dass das Setup die Werte für die Laufwerke automatisch richtig einstellt.

Über die Taste Esc kehrst du in der Regel wieder zum Hauptmenü zurück. Von dort aus kann ein Blick in die anderen Dialogfelder auch mal ganz interessant sein. Weil du dich damit nicht auskennst, solltest du es wirklich nur beim Anschauen belassen. Denn manche falsche Einstellung kann sogar etwas im Computer zerstören!

Aus dem Setup heraus kommst du über EXIT WITHOUT SAVING, SAVE AND EXIT oder einen ähnlichen Eintrag. Oder du drückst auch hier die Taste Esc. Dann wirst du noch einmal gefragt, ob du das Setup wirklich ohne Speichern verlassen willst:

Hier musst du zur Bestätigung (also für »Yes«) nicht die Taste Y, sondern Z drücken. Weil zu dem Zeitpunkt die deutsche Tastaturbelegung noch nicht eingestellt ist, gilt noch die amerikanische, die alle Computer von Geburt an haben. Und dort sind das Y und das Z vertauscht.

DIE SACHE MIT UEFI

Das ursprüngliche BIOS wurde zwar immer wieder verbessert, aber irgendwann kam es doch an seine Grenzen. So entstand ein Nachfolger, der sich wohl immer mehr durchsetzen wird. Das »Unified Extensible Firmware Interface« (UEFI) wird von den neuesten Windows-Versionen unterstützt. Es ist nicht nur leistungsfähiger und flexibler als das alte BIOS, sondern auch einfacher zu handhaben. Außerdem wird es durch die Möglichkeit einer grafischen Oberfläche optisch aufgewertet.

SCHNITTSTELLEN

Wie du aus den vergangenen Kapiteln weißt, hast du nur etwas von deinem PC, wenn sich z.B. über die Tastatur oder die Maus etwas eingeben lässt und der Computer über den Bildschirm oder Drucker etwas ausgeben kann.

Deshalb müssen irgendwo auch Anschlüsse (Schnittstellen) sein, in die sich die Kabelverbindungen für Maus, Tastatur und Monitor stecken lassen. Die meisten Anschlussbuchsen (wie die für Tastatur, Maus, Drucker und Monitor) befinden sich in der Regel direkt an der Hauptplatine.

Während früher jedes Gerät seinen eigenen Anschlusstyp hatte, wurde das mit der Zeit immer mehr vereinheitlicht. So gibt es zwar auch heute weiterhin eine ganze Menge verschiedener Anschlussarten, am meisten verbreitet ist aber der sogenannte »Universal Serial Bus«, kurz **USB**. Frei übersetzt ist das eine universelle Schnittstelle, die gleich mehrere andere Schnittstellen ersetzen soll. Da lässt sich dann alles von Maus und Drucker, Adapter für Spiele bis zu Digitalkameras und Scannern anschließen.

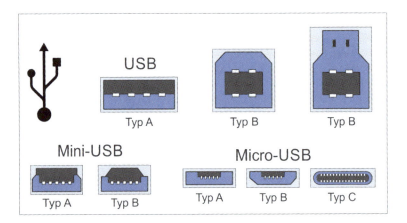

Auch zusätzliche **Laufwerke** oder **Speichermedien** (wie Festplatten, DVD-Brenner, USB-Sticks) lassen sich mit dem Computer verbinden. Deshalb bietet ein PC in der Regel gleich eine ganze Reihe von USB-Anschlüssen. Die sind normalerweise vom Typ A, während externe Laufwerke oft Typ B benutzen.

Anders sieht es bei Tablets und kleineren Geräten wie Kameras oder Smartphones aus. Dort wird im Allgemeinen Mini- oder sogar Micro-USB eingesetzt, weil diese Anschlüsse deutlich weniger Platz brauchen. Immer mehr neuere Geräte nutzen dabei den Typ C, der ist noch vielseitiger und man kann dort den Stecker beliebig herum einstecken.

Für jedes Gerät, das mit dem Computer verbunden ist, gibt es also eine **Schnittstelle**, auch **Interface** genannt. Die meisten nutzen wie erwähnt USB, aber es gibt auch noch andere Anschlussmöglichkeiten: Für besonders schnelle Verbindungen mit anderen (z.B. eigenen) Computern und dem Internet gibt es auch noch einen Netzwerkanschluss.

Auch der Anschluss für den Monitor kann ein USB-Typ sein, ist aber meistens ein anderer, z.B. HDMI (Abkürzung für »High Definition Multimedia Interface«). Bei größeren PCs sitzt dieser Anschluss auf einer zusätzlichen Platine, einer sogenannten Steckkarte. Darüber erfährst du gleich mehr.

ERWEITERUNGEN

Jetzt kommen wir zu dem, was so manchen PC erst so richtig interessant machen kann. Beim Desktop-PC ist auf der Hauptplatine eine ziemlich große Fläche für **Steckplätze** reserviert. (Ein anderer Name für einen Steckplatz ist **Slot**.)

Spannend wird es, wenn in diesen Steckplätzen etwas drinsteckt. Natürlich müssen nicht alle Plätze besetzt sein, aber es gibt einige **Steckkarten**, ohne die ein solcher Computer gar nicht richtig funktionieren kann.

ERWEITERUNGEN

Dass man Steckkarten so nennt, weil sie in die Steckplätze gesteckt werden, ist eigentlich klar. Aber hinter dem Begriff steckt noch etwas mehr: Sobald eine Karte fest in einem Platz sitzt, sind damit automatisch alle nötigen Verbindungen zur Hauptplatine hergestellt. (Es gibt auch Ausnahmen: Einige Steckplätze müssen noch über Kabel mit anderen Teilen im Computer verbunden werden.)

Der Sinn einer Steckkarte ist es, die Fähigkeiten und Möglichkeiten des Computers zu erweitern. Deshalb werden Steckkarten auch **Erweiterungskarten** genannt.

Leider gilt das alles nur mit Einschränkungen für Notebooks oder gar nicht für Tablets und Smartphones. Hier sind die Funktionen vieler Steckkarten bereits ins Mainboard eingebaut (sie stecken dort meistens im Chipsatz). Das spart viel Platz, hat aber den Nachteil, dass man die Fähigkeiten eines solchen Computers nicht allzu sehr erweitern kann. Deshalb lassen sich in der Regel auch nur Desktop-PCs mit den neuesten Bauteilen ausrüsten.

GRAFIK

Vielen sind die grafischen Fähigkeiten eines Computers besonders wichtig. Gerade für moderne Spiele ist der auf dem Mainboard verbaute Grafikchip nicht immer leistungsfähig genug. Da ist es schön, wenn der PC einen Steckplatz für eine **Grafikkarte** hat.

Auf einer modernen Grafikkarte sitzen ein oder sogar mehrere Prozessoren, die dem Hauptprozessor beim Darstellen von Grafiken sehr viel Arbeit abnehmen können. Eine solche Grafikkarte hat sogar ihren eigenen Arbeitsspeicher, der gleich mehrere Gigabytes groß (und oft noch schneller als der normale Arbeitsspeicher) ist.

Das Hauptproblem ist nämlich nicht die Darstellung von Text oder einfacher Grafik. Sondern die Bilder sollen ja immer echter wirken. Und bei Animationen (das sind bewegte Bilder, also z.B. Filme) ist eine oft sehr rasche Veränderung auf dem Bildschirm gefragt. Vor allem bei Spielen ist die Anzeige auf dem Bildschirm ständig in Bewegung. (Wobei die üblichen Grafikchips auf der Hauptplatine schon überfordert sein können.)

Also muss eine gute Grafikkarte dafür sorgen, dass Bilder so scharf und so schnell wie möglich auf den Bildschirm kommen.

Weil die Bedürfnisse bei der Grafik sehr verschieden sein können, ist es sinnvoll, wenn du dir die passende Grafikkarte selbst aussuchen kannst – unabhängig von der Hauptplatine. Moderne Karten können besonders schnell mit dreidimensionalen Effekten umgehen (z.B. bei Spielen). Und die Entwicklung dieser Karten geht rasant weiter. Wärst du nur auf die Grafikfähigkeiten der Hauptplatine festgelegt, könnten z.B. bestimmte Spiele gar nicht auf deinem PC funktionieren. So aber kannst du dein Mainboard behalten und musst dennoch nicht auf die neuesten grafischen Möglichkeiten verzichten.

PIXEL

Das, was die Grafikkarte in deinem PC leistet, bekommst du auf dem Bildschirm bzw. Display oder Monitor zu sehen. Was ist eigentlich ein scharfes Bild? Jedes Bild ist ja keine durchgehende Fläche, sondern setzt sich aus fast unzähligen winzigen Farbpunkten zusammen. Das sind die sogenannten **Pixel**.

Die Anzahl dieser Pixel bestimmt die **Auflösung** einer Grafik, die natürlich von der Größe eines Displays abhängt. An den PC angeschlossene Monitore haben meist eine Bild-Diagonale von mehr als 50 cm. Ein kleineres Smartphone dagegen kann ein Display mit einer Diagonale von nur 10 cm haben.

Bildbreite und Bildhöhe sind in Pixel angegeben. Das heißt: Auf dem Bildschirm liegen z.B. 1.600 Pixel nebeneinander und 900 Pixel untereinander. Was heißt, dass auf diesem Display 1.440.000 Bildpunkte angezeigt werden. Und **ein** Bildpunkt wiederum setzt sich aus **drei** Farbquellen zusammen: Die Grundtöne Rot, Grün und Blau bestimmen durch ihre Intensität die Farbe, die du siehst.

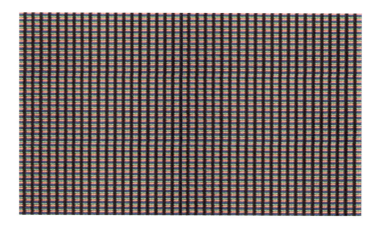

Wirklichkeitsnah sieht ein Bild natürlich erst aus, wenn es so viele Farben hat, dass unser Auge sie gerade noch unterscheiden kann. Da würden um die 100.000 in vielen Fällen genügen, aber die heutigen Grafikchips haben keine Probleme mit mehr als 32 Millionen Abstufungen, um auch das Allerletzte an Farbechtheit aus einem Bild herauszuholen.

Die Anzahl der Farben bestimmt sehr stark den Bildeindruck. So kann ein Bild mit einer niedrigeren Auflösung und vielen Farben durchaus schärfer wirken als ein Bild mit hoher Auflösung und nur wenigen Farben. Das lässt sich z.B. bei Spielen beobachten, bei denen sich Auflösung und Farbanzahl einstellen lässt. Von der Auflösung und der Anzahl der Farben hängt es ab, wie viel Platz ein Bild im Arbeitsspeicher bzw. auf einem Datenträger benötigt.

SOUND

Bewegte Grafik ohne Sound? Damit du etwas hören kannst, wenn du ein CD/DVD-Laufwerk oder einen USB-Stick als Wiedergabegerät für Audio- oder Video-Dateien benutzt, muss dein Computer einen Sound-Chip haben. Oft kann man daran außer Lautsprecherboxen noch einige weitere Geräte anschließen:

◇ ein Mikrofon. Gesprochene oder gesungene Aufnahmen lassen sich als Datei auf der Festplatte speichern und im Computer weiterverarbeiten.

◇ ein Gerät zur Steuerung von Spielen. Das kann ein Joystick oder ein Gamepad sein. Oder auch ein Spezialgerät wie beispielsweise ein Lenkrad für Autorennspiele.

◇ ein elektronisches Instrument wie z.B. ein Synthesizer. Auch hier lassen sich Musikstücke als Datei speichern und weiterbearbeiten.

Für besonders Anspruchsvolle gibt es auch Soundkarten etwa mit kompletten Synthesizer-Modulen. Die lassen sich dann in einem freien Steckplatz unterbringen. Allerdings gilt das in der Regel nur für Desktop-PCs, aus Platzgründen haben Laptop-PCs (= Notebooks) wenn überhaupt nur einen Steckplatz, und der wird dann für eine bessere Grafik genutzt.

VERBINDUNGEN

Um zu anderen Computern und Geräten Kontakt aufzunehmen, genügt nicht immer einfach nur ein Kabel. Wenn die beiden betroffenen Geräte zu weit weg sind, dann geht es nur noch kabellos. Und da gibt es einige Möglichkeiten, am meisten verbreitet sind **Bluetooth** und **WLAN**. Die nötige Technik für diese beiden Funkverbindungen sitzt meistens im Chipsatz.

> Was heißt eigentlich LAN, WLAN, WAN, WWAN?
>
> Mit **LAN** (= Local Area Network) ist ein Netzwerk gemeint, in dem alle beteiligten PCs und andere Geräte durch Kabel verbunden sind, wobei diese auch sehr viele Meter lang sein dürfen. Das »Local« bedeutet, dass es sich um ein Netzwerk handelt, das sich in einem bestimmten Bereich befindet. Das kann ein Netzwerk

bei euch zu Hause sein oder das in einer Firma. Das eine umfasst dann mindestens zwei beteiligte Geräte, in einem großen Firmengebäude können es Hunderte bis Tausende sein.

Sind die Gebäude einer Firma nun über die ganze Welt verteilt, dann müssten die Kabelverbindungen unter Umständen viele Tausend von Kilometern lang sein. Hier spricht man dann vom **WAN** (= Wide Area Network). Noch mehr als »wide« wäre dann weltweit.

Da es das alles auch kabellos geben kann, gibt es noch die Bezeichnungen **WLAN** (= Wireless Local Area Network) und **WWAN** (= Wireless Wide Area Network), was eigentlich auch Funk-LAN bzw. Funk-WAN heißen könnte.

Und was ist mit dem Internet? Das wird von manchen auch als **GAN** (= Global Area Network) bezeichnet. Da die meisten Internet-Verbindungen immer noch über Kabel funktionieren, reicht es noch lange nicht zu einem echten WGAN.

Geräte, die über Bluetooth-Funk mit dem Computer in Verbindung treten, tun dies meist problemlos: Man erkennt sich gegenseitig, sobald man in der Nähe ist. Was heißt, dass z.B. das Notebook eine Bluetooth-Maus meldet, sobald es sie entdeckt, und schon kurze Zeit später kann diese eingesetzt werden. Oder ein Tablet entdeckt die Funksignale eines Smartphones und beide nehmen Kontakt auf. Das funktioniert mit dem neuen Windows und anderen Betriebssystemen (wie Android und Apples OS) meistens problemlos. Allerdings nur im Umkreis von mehreren Metern.

MIT WLAN NOCH WEITER

Geht es um größere Entfernungen und dann noch durch Wände und Decken von Häusern hindurch, dann muss eine andere Übertragungstechnik her.

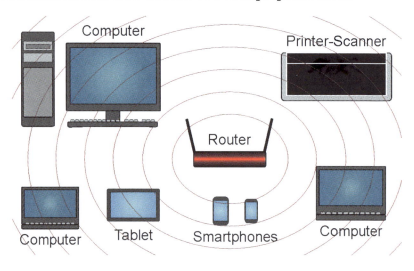

Über WLAN können Desktop-PCs, Notebooks, Tablets und Smartphones in einem Netzwerk Kontakt aufnehmen und sich gegenseitig Daten zuschicken. Und inzwischen gibt es auch weitere Geräte, die WLAN-fähig sind. Oft nutzt man einen sogenannten **Router** als Zentrale, über den alle Verbindungen hergestellt werden. Der ist so aufgebaut und eingestellt, dass er alle mit ihm verbundenen Geräte weitgehend vor Angriffen von außen schützen kann.

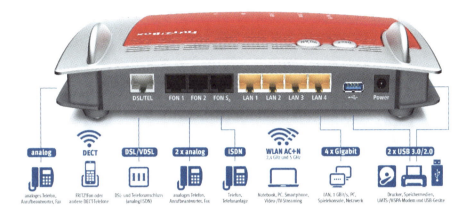

Weitgehend heißt nicht hundertprozentig. Weil die Reichweite eines WLAN so groß ist, dass auch Außenstehende (also Menschen, die vor eurer Wohnung oder ein paar Häuser weiter parken) an diesem Netzwerk teilnehmen könnten, muss man es vor solchen Eindringlingen schützen. Deshalb ist die Anmeldung eines Gerätes über WLAN etwas komplizierter. So ist ein langes Kennwort als Schlüssel unbedingt nötig, um an einem sicheren WLAN teilzunehmen.

WELTWEIT MIT MOBILFUNK

Eine gute WLAN-Verbindung kann durchaus über 100 Meter weit reichen. Für zu Hause genügt das auch fürs Smartphone, und unterwegs im Urlaub gibt es oft sogenannte **Hotspots**, in die du dich über WLAN »einklinken« kannst.

Es gibt auch Netzwerke (Hotspots), die offen sind, also für einen WLAN-Zugang keinen Sicherheitsschlüssel benötigen. Weil sich dort jeder einfach so einklinken kann, musst du auch mit kriminellen Teilnehmern rechnen, die es auf deine Daten abgesehen haben. Deshalb rate ich von solchen WLAN-Verbindungen ab.

Um völlig unabhängig zu sein, ist ein Internetzugang über einen Mobilfunk-Betreiber eine Überlegung wert. Das ist in der Regel auch der Anbieter, von dem die SIM-Karte gekauft wurde, über die man mit dem Handy oder Smartphone telefonieren kann.

Beim Mobilfunk kann man von WWAN sprechen, weil er über ein weitverzweigtes Netz eines Anbieters (wie z.B. Telekom oder Vodafone) funktioniert, die natürlich auch netzübergreifend miteinander in Verbindung treten können. Der Vorteil ist eindeutig, dass du damit von fast überall in der Welt Zugang zum Internet hast, also auch da, wo kein PC steht. Der Nachteil sind die Kosten. Die liegen immer noch deutlich höher als die für eine Internet-Flatrate über das Festnetz zu Hause.

> Eine **Flatrate** bedeutet normalerweise, dass du grenzenlos im Internet surfen und von dort Daten herunterladen kannst. Dabei solltest du dir aber genau das sogenannte Kleingedruckte im Vertrag eures Internetanbieters anschauen. Was da steht, gilt, vor allem, was die Datenmenge angeht. Immer wenn du im Internet bist, werden Daten übertragen, auch wenn du nur mal etwas nachschauen willst. Und der Anbieter eines Internetzugangs zählt genau mit!
>
> Hast du nun eine bestimmte Menge von Daten überschritten, kann er entweder die Übertragungsgeschwindigkeit so stark drosseln, dass das Internet für dich quälend langsam wird, oder du darfst für die nächsten Daten zahlen. Und das kostet in der Regel viel. Besonders im Ausland können da nicht nur einige Zehner, sondern sogar Hunderte von Euro zusammenkommen.

Auch ist noch immer die Datenübertragung am schnellsten, die über einen verkabelten Internet-Anschluss zu Hause läuft. Darüber lassen sich inzwischen bis über 20 GB pro Sekunde übertragen, je nach Anbieter. (Und wenn dieses Buch ein paar Jahre älter ist, sind es sicher noch deutlich mehr.)

Da kann der Mobilfunk noch nicht ganz mithalten. Doch inzwischen sind bereits neue Techniken im Kommen, die Übertragungsgeschwindigkeiten werden in wenigen Jahren die jetziger Festnetzanschlüsse erreichen, aber wohl nicht einholen (denn die sind dann inzwischen auch wieder schneller geworden).

Die für den Mobilfunk nötige Technik sitzt nicht in der **SIM**-Karte. Die ist nur dazu da, um eine mobile Verbindung über einen bestimmten Anbieter zu erlauben. SIM ist die Abkürzung für »Subscriber Identity Module«, was so viel heißt wie »Teilnehmer-Identitäts-Modul«, damit besitzt man sozusagen eine Eintrittskarte in die mobile Funkwelt.

Smartphones sind grundsätzlich alle mit einem mobilen Funk-Chip ausgestattet, wie auch einige Tablets und Notebooks. Doch man kann sich auch einen USB-Stick fürs mobile Internet kaufen und den an seinen Computer anschließen. Darin lässt sich auch die nötige SIM-Karte unterbringen.

PERIPHERIE

Alles, was man von außen an den Computer anschließen kann, wird als **Peripherie** bezeichnet, sozusagen das »Drumrum«. Dazu gehören vorwiegend Drucker oder Multifunktionsgeräte, aber auch Kameras, die Tastatur und ein großer Monitor, ebenso wie Laufwerke (z.B. Festplatten und Blu-ray-Brenner) oder andere Datenträger. Wie schon erwähnt, lässt sich vieles davon über USB-Schnittstellen verbinden, aber es geht auch über Funk; oft muss das sogar sein, weil die Geräte, mit denen man Kontakt aufnehmen will, weiter entfernt sind, außerdem ist es oft bequemer, auf ein Kabel verzichten zu können.

DRUCKER

Muss ich darüber noch etwas schreiben? Wo doch jeder weiß, dass Drucker die Geräte sind, die Papier schwarz oder bunt machen. Dabei gibt es aber Unterschiede. Nicht jeder Drucker eignet sich z.B. für den naturgetreuen Ausdruck eines Fotos. Welche Druckertypen gibt es?

Wie schon bei der Anzeige auf dem Bildschirm setzt sich auch beim Druck ein Bild oder ein Text aus lauter kleinen Pünktchen zusammen. Je kleiner diese Punkte sind und je dichter sie zusammenliegen, desto schärfer und echter wirkt das Bild und desto höher ist die **Auflösung**.

Gemessen wird hier die Auflösung in **dpi**, das ist die Abkürzung für »dots per inch« und meint die Anzahl der Punkte, die auf einem Zoll Breite nebeneinander passen. Diese Maßeinheit kennst du schon von den Monitoren, bei denen die Bildschirmdiagonale ebenfalls in Zoll (etwa 2,5 cm) gemessen wird.

Während die Drucker sich alle darin einig sind, dass sie möglichst viel kleine Bildpunkte auf ein Papier bringen müssen, hat jeder seine eigene Technik. Hier sind die wichtigsten:

- **Tintenstrahldrucker** setzen ein Bild aus winzigen Tintenspritzern zusammen. Wichtig für die Qualität des Ausdrucks ist dabei die verwendete Papiersorte. Sie muss Tinte gut aufsaugen können, damit sie nicht verlaufen kann. Gute Tintenstrahldrucker gibt es schon unter hundert Euro. Die Auflösungen reichen bis über 2000 dpi.

- **Laserdrucker** arbeiten mit einem Laserstrahl, der Farbstaub auf dem Papier verteilt. Laserdrucker sind deutlich teurer als andere Drucker. Während ein Schwarz-Weiß-Drucker etwa zum Preis eines Tintenstrahlers zu haben ist, kosten Farblaserdrucker einige Tausend Euro. Auch hier können die Auflösungswerte bis über 2000 dpi liegen.

SCANNER

Scanner sind gewissermaßen das Gegenteil von Druckern. Während die einen den Inhalt einer Bilddatei auf Papier bringen, sorgen die anderen dafür, dass der Inhalt eines Bildes in einer Datei landet.

Wie funktioniert ein **Scanner**? Eine Lampe beleuchtet das Bild, das man als Vorlage benutzt. Dann messen lichtempfindliche Sensoren das Licht, das von der Bildvorlage zurückstrahlt. Die Werte werden in Daten für den Computer umgewandelt, damit der sie erst mal als Datei speichern kann. Diese Datei lässt sich dann in einem Grafikprogramm öffnen und bearbeiten.

Die Unterschiede zwischen den einzelnen Scannertypen bestehen hauptsächlich darin, wie sie mit der Vorlage umgehen: Man kann z.B. den einen Scanner mit der Hand über ein Papierbild schieben oder man legt im anderen Scanner das Bild ein und lässt es dann automatisch einlesen. Hier sind einige verbreitete Scanner:

- **Handscanner** schiebt man behutsam mit der Hand über eine Vorlage. Wenn die zu breit ist, muss man eben mehrmals scannen. Das Bild wird in mehrere Bahnen aufgeteilt und ein Bereich nach dem anderen abgescannt. Die Auflösung von Handscannern liegt zwischen 300 und 800 dpi.
- **Flachbettscanner** haben eine Auflage, auf die man z.B. ein Blatt Papier oder ein aufgeschlagenes Buch legen kann. Sie arbeiten ähnlich wie Kopiergeräte. Die Auflösung reicht bis über 4000 dpi.
- **Diascanner** oder **Filmscanner** nehmen Dias und Negativfilme auf, die nicht mit einer Digitalkamera fotografiert wurden. Aus diesem Foto machen sie dann eine Bilddatei. Die Auflösung muss hier sehr hoch sein, weil die Filme z.B. von Kleinbildkameras recht kleine Bilder liefern. Sie kann bis über 10000 dpi reichen.

> Eine Kombination aus Scanner und Drucker ist das **Kopiergerät**: Erst wird der Inhalt einer Vorlage eingelesen (das erledigt der Scanner), dann kommt das Ganze auf einem anderen Papier zum Ausdruck (das ist Aufgabe des Druckers).
>
> Nach dem gleichen Prinzip arbeitet ein **Faxgerät**. Der Unterschied besteht darin, dass zwischen dem Scannen und dem Drucken noch die Übertragung über das Telefonnetz liegt:
>
> Das eine Faxgerät scannt eine Vorlage ein und schickt die Daten über die Telefonleitung weiter. Das Faxgerät am anderen Ende der Leitung empfängt die Daten und druckt sie wieder aus.
>
> Natürlich lassen sich Faxgeräte auch als Kopierer benutzen. Es gibt auch sogenannte **Multifunktionsgeräte**, Alleskönner, die man als Drucker, Scanner, Faxgerät und Kopierer benutzen kann.

Viele solcher Geräte können auch CDs, DVDs oder BDs bedrucken, und oft kann man auch eine Digitalkamera direkt daran anschließen und eine Bildserie ausdrucken lassen.

STEUERGERÄTE

Während Monitore und Drucker Ausgabegeräte sind, zählen Tastaturen und Scanner zu den Eingabegeräten.

Eine andere Art von Eingabe ist z.B. die über die Maus. So etwas bezeichnet man eher als **Steuergerät**.

Obwohl die Maus ein sehr beliebtes Tier zum Huschen über den Desktop und zum Klicken auf Objekte ist, gibt es einige andere Geräte, die so manches besser können als eine Maus:

◇ Ein **Joystick** eignet sich für viele Actionspiele am besten. Mit einem Steuerknüppel, den du in alle Richtungen bewegen kannst, steuerst du eine Figur oder ein Fahrzeug über den Bildschirm. Außerdem hast du zwei oder mehr Knöpfe zur Verfügung, mit denen du z.B. etwas aufheben oder auf etwas feuern kannst.

- Auch sehr beliebt bei Spielen ist ein **Gamepad** oder **Joypad**. Die kennst du wahrscheinlich schon von den Spielkonsolen z.B. von Sony, Nintendo oder Microsoft. Statt eines Steuerknüppels gibt es dort Steuertasten für jede Richtung und ansonsten jede Menge anderer Knöpfe zum Drücken.

- Ein **Grafiktablett** kann man gut gebrauchen, wenn man richtig mit der Hand zeichnen will. Mit der Maus Bilder zu zeichnen, ist nämlich gar nicht so einfach. Bei einem Grafiktablett hast du eine Fläche, die druckempfindlich ist. Daran angeschlossen ist ein Stift. Damit kannst du nun über die Fläche des Grafiktabletts fahren und schon siehst du auf dem Bildschirm die Linien, die du gezeichnet hast. Grafiktabletts nennt man auch **Digitizer**.

- Natürlich geht das auch mit einem Touch-Display. Dazu benötigt man dann aber zusätzlich einen entsprechend angepassten Stift und eine App, die darauf reagiert.

NOCH MEHR COMPUTER

Zum reinen Spielen sind PCs eigentlich zu schade, können sie doch eine ganze Menge mehr. Und bei einem Preis von immerhin ab 500 Euro aufwärts für ein komplettes System ist das für eine Spielmaschine zu teuer. (Wenn man bedenkt, wie viele Spiele man dafür kriegen kann!)

SPIELKONSOLEN

Willst du vorwiegend mit einem Computer spielen, dann bieten sich die sogenannten **Spielkonsolen** an. Dabei gibt es zwei verschiedene Sorten:

- ◇ die eigentlichen Spielkonsolen, die an ein Fernsehgerät angeschlossen werden (z.B. Microsoft Xbox, Sony Playstation),
- ◇ die Spielcomputer mit eingebautem Minibildschirm (z.B. Nintendo Switch). Du kannst sie in der Hand halten und leicht überallhin mitnehmen. Meistens laufen diese Dinger mit Akkus mehrere Stunden lang.

Für alle diese Spielkonsolen gibt es eine Unzahl von Spielen, entweder als Modul, das in die Konsole eingesteckt wird, oder als DVD oder BD. Einige Konsolen haben hierfür ein eingebautes Laufwerk. Anschließbar ist außerdem ein Gamepad, um die Spiele auch steuern zu können. (Bei den Handkonsolen ist diese Steuerung direkt eingebaut.)

TASCHENRECHNER

Die Geschichte der Computer begann mit der Entwicklung von Rechenmaschinen. Das Ziel war also zu Anfang nur, das Rechnen leichter zu machen.

Und so ist es in diesem Zweig auch geblieben: Während der PC heute beinahe schon zum Alleskönner geworden ist, können die **Taschenrechner** vorwiegend rechnen, aber das besonders gut. Während sich aber die einfacheren Modelle nur auf die Zahlenwelt beschränken, können die größeren Geschwister auch mit Grafik und sogar Animationen umgehen.

MAINFRAMES

Alles, was ich dir bis jetzt erzählt habe, könnte darauf hindeuten, dass der Desktop-PC das mächtigste Lebewesen in der Welt der Computer ist. In Wirklichkeit gibt es aber jenseits davon noch einige Monster, die so groß sind wie Kleiderschränke. Und nicht nur das: Die größten Saurier der Computerwelt werden **Mainframes** genannt. Zu Deutsch heißt das so viel wie Großrechner oder Universalrechner.

Das sind dann Geräte, die z.B. die Daten der Personen eines ganzen europäischen Landes oder sogar z.B. die der USA oder Chinas verarbeiten können. Oder Computeranlagen, die komplette Filme herstellen (wozu ein PC ein paar Hundert Jahre brauchen würde). Oder Maschinen, die das Wetter der ganzen Welt analysieren und einen neuen Wetterbericht erstellen.

Wenn es also darauf ankommt, riesige Datenmengen so schnell wie möglich zu verarbeiten, dann ist ein einzelner PC überfordert – auch wenn er den schnellsten Prozessor hat. Mainframes haben gleich eine ganze Reihe, manchmal gar Hunderte von Prozessoren, von denen einer allein schon einem einfachen PC davonlaufen würde.

UND SONST?

Computer sind eigentlich überall. Manchmal als kleine oder gar winzige Teile eines Haushaltsgerätes, einer Uhr, im Auto, im Flugzeug, in Satelliten, im Herzschrittmacher, also um uns und in uns. Es gibt Ideen, Computer in unsere Kleidung, in unseren Kopf oder irgendwo anders im Körper einzupflanzen, damit diese Dinger uns unser Leben erleichtern. (Ob sie das dann auch wirklich tun, ist fraglich.)

Auf jeden Fall kommen wir ohne Computer wohl nicht mehr aus. Wollen wir wahrscheinlich auch nicht. Und solange **du** die Kontrolle über deine Geräte hast (und nicht sie über dich), ist das auch eher positiv als negativ.

ZUSAMMENFASSUNG

So, nun ist aber eine dicke Pause fällig! Wer soll das bloß alles behalten? Mal sehen, ob dir die folgende Übersicht als Gedächtnisstütze helfen kann. Hier ging es die ganze Zeit nur um die Hardware, also die Teile im Computer, die man anfassen kann (aber nicht unbedingt soll).

In der Mitte des Computergehäuses macht sich die Hauptplatine (Mainboard, Motherboard) breit. Und du kennst jetzt einiges von dem, was sich dort so tummelt:

Name	Bedeutung
Hauptprozessor	Steuerzentrale des Computers
RAM	Arbeitsspeicher des Computers
ROM	Festwertspeicher des Computers
BIOS/UEFI	Startprogramm des Computers
Chipsatz	Bausteine für die Regelung des Datenverkehrs, meist auch Grafik und Sound

Name	Bedeutung
Steckplätze	Erweiterungsmöglichkeiten durch Steckkarten
Schnittstellen	Anschlussmöglichkeiten für Laufwerke und andere Geräte

Die wichtigste Steckkarte für einen Computer ist die Grafikkarte (damit du möglichst viel zu sehen bekommst.)

Du kennst nun eine ganze Menge Peripherie (= »Drumrum«), mit der ein Computer erst richtig läuft oder noch vielseitiger wird. Außer Tastatur und Monitor, die bei Notebooks, Tablets und Smartphones z.T. fest eingebaut sind, weißt du u.a. von Geräten zum Drucken und Scannen, die es auch als Multifunktionseinheiten gibt.

Schließlich hast du noch etwas über Steuergeräte erfahren, die man anstelle der Maus vor allem zum Spielen oder Zeichnen benutzen kann.

Und für einen kleinen Blick hinüber zu den Verwandten eines PC hat es auch noch gereicht.

Im nächsten Kapitel bekommt die Hardware wieder etwas zu tun. Dann erfährst du nämlich einiges darüber, was einen Computer erst wirklich sinnvoll macht.

9 OHNE SIE LÄUFT NICHTS: DIE SOFTWARE

Nachdem du nun ein ziemlich technisches Kapitel hinter dich gebracht hast, wird es Zeit, den Computer wieder anzuheizen.

In diesem Kapitel geht es um »weiche Ware«, besser ausgedrückt: um die **Software**, mit der du deinen Computer füttern kannst. So wie die Hardwareteile sozusagen Knochen, Fleisch und Blut deines PCs sind, so könnte man die Software als Geist und Seele eines Computers ansehen. Ein PC ohne Software ist also nicht viel wert (auch wenn er eine Menge Geld gekostet hat).

Die Software, die ich hier meine, muss man natürlich erst mal haben. Vieles davon brauchst du vielleicht gar nicht oder sie ist einfach zu teuer. Denn es gibt durchaus Software, die erheblich mehr kostet als ein kompletter PC.

Auch wenn du also einiges von der hier vorgestellten Software gar nicht ausprobieren kannst, musst du deshalb nicht untätig herumsitzen. Denn mit Windows sind auf deinem PC automatisch auch ein paar Happen Software installiert. Diese auszuprobieren lohnt sich in jedem Fall.

IN DIESEM KAPITEL LERNST DU

- etwas über Software-Arten,
- wie du Anwendungen und Spiele installierst,
- mehr über Textverarbeitung,
- etwas über Grafik bzw. Bildbearbeitung,
- etwas über Tabellenkalkulation, Datenbanken und Management,
- etwas über Spielen und Lernen am Computer,
- mehr über das Internet.

ALLERLEI WEICHE WARE

Alles, was man als Programm, Spiel, Treiber, Anwendung, Applikation, App, Utility bezeichnet, ist Software. Selbst das Betriebssystem und das BIOS gehören zur Software eines Computers. Diese Riesenmenge an Software lässt sich in drei Gruppen unterteilen:

1. Die **Betriebssoftware** umfasst das BIOS und das Betriebssystem (englisch: Operating System) sowie Hilfsprogramme, die das Betriebssystem bei seiner Arbeit unterstützen bzw. erweitern – auch **Tools** genannt. Weil sie mehr oder weniger nützlich sind, kann man dazu auch **Utilities** sagen.

2. Mit der **Anwendungssoftware** lassen sich beliebige Daten erstellen und bearbeiten. Dabei benutzt sie Möglichkeiten des Betriebssystems. Ein anderer Name ist Anwendung oder Applikation, kurz App genannt. Zu dieser Gruppe gehören auch die Spiele.

3. Um überhaupt Programme entwickeln zu können, braucht man die **Entwicklungssoftware**. Man spricht hier auch von Entwicklungsumgebung oder Programmiersystem, weil dazu meist eine ganze Reihe von Hilfsmitteln gehört, um ein Programm zu erstellen, zu bearbeiten und zu testen.

Programme bestehen aus Anweisungen, die ein Computer ausführen kann. Also sind Anwendungen, Spiele, Treiber und andere Hilfsmittel Programme. Der Hauptprozessor im Computer sorgt dafür, dass die Programme ausgeführt werden. Gegebenenfalls überlässt er einiges an Arbeit anderen Prozessoren (z.B. im Chipsatz oder auf der Grafik- oder Soundkarte).

SOFTWARE FÜR DEN COMPUTERBETRIEB

Mit dem Betriebssystem deines Computers hast du bereits aus vergangenen Kapiteln einige Erfahrungen gesammelt. Weil Windows das am meisten benutzte Betriebssystem ist, heißt das aber noch lange nicht, dass es das einzige ist, das einen Computer zum Laufen bringt. So sind vor allem auf Tablets und Smartphones Android und Apple iOS die am meisten genutzten Systeme.

Und wenn du dich ein bisschen umschaust, wirst du auch für Desktop- und Laptop-PCs von einigen anderen Systemen hören. Alle zusammen sind aber bei Weitem nicht so verbreitet wie Windows allein.

KAPITEL 9 OHNE SIE LÄUFT NICHTS: DIE SOFTWARE

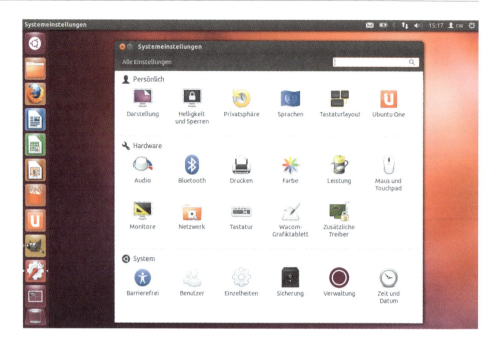

Beispiele für Betriebssysteme:

◇ **Windows** von Microsoft (vor allem für PCs und Tablets)
◇ **Linux** (freie Software für fast alle Computertypen)
◇ **Mac OS X** von Apple (nur für bestimmte Computer, z.B. Mac)
◇ **iOS** von Apple (z.B. für iPhone, iPad)
◇ **Android** von Google (für Smartphones, Tablets, kleine Notebooks)

SOFTWARE FÜR DIE ENTWICKLUNG (PROGRAMMIERUNG)

Mit einer Entwicklungsumgebung wirst du vielleicht nie Bekanntschaft machen, es sei denn, du willst eigene Programme erstellen. Dann musst du entscheiden, in welcher Sprache du deine Programme schreiben willst. Diese Programmiersprache, wie man dazu auch sagt, muss so aufgebaut sein, dass sie in aller Welt verstanden und benutzt werden kann.

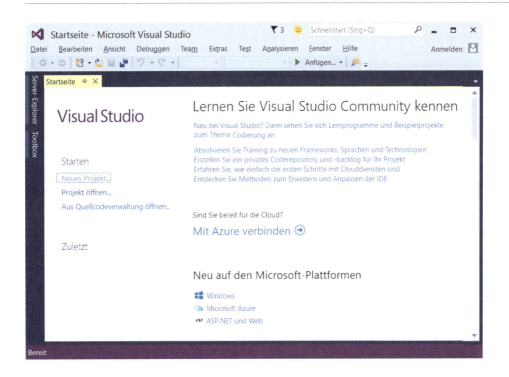

Beispiele für Programmiersprachen und -systeme:
- **Java** von Oracle
- **Visual Basic**, **C#** und **C++** von Microsoft
- **Delphi** von Embarcadero
- **JavaScript, PHP, Python, Ruby**

SOFTWARE ZUM ARBEITEN UND ZUM SPIELEN

Mit Applikationen wirst du ständig in Berührung kommen. Denn wozu soll ein Computer nützlich sein, wenn man damit nicht irgendetwas machen kann? Zum heutigen Standard gehören diese Bereiche:

- Textverarbeitung
- Grafik (Bildverarbeitung)
- Tabellenkalkulation
- Datenbanken
- Organisation und Management
- Multimedia
- Spiele

Nehmen wir doch gleich mal alle diese Bereiche unter die Lupe.

> Dass Software Geld kostet, ist dir klar. Dass aber Software sehr viel teurer ist als ein ganzer Computer, das muss nicht unbedingt sein. Es gibt ja die sogenannte **Shareware**.
>
> Dafür bezahlst du am Anfang gar nichts oder ein paar Euro für eine CD oder das Laden aus dem Internet. Dann kannst du sie in Ruhe ausprobieren. Wenn es dir gefällt, überweist du an den Autor der Software ein paar Zehn-Euro-Scheine. Damit bist du ein sogenannter registrierter Anwender: Du wirst in eine Liste aufgenommen und bekommst oft sogar eine Version zugeschickt, die mehr kann als die, die du ausprobiert hast.
>
> Shareware ist also Software, die du erst mal testest. Und nur wenn du mit ihr etwas anfangen kannst, musst du dafür bezahlen. (Die Autoren vertrauen jedenfalls darauf, dass du es dann auch wirklich tust!)
>
> Willst du etwas ganz umsonst, dann greifst du zur **Freeware**. Oder du bedienst dich bei der sogenannten Public-Domain-Software, abgekürzt PD-Software.
>
> Was ist der Unterschied? Bei Freeware bleiben die Rechte zur Weiterverwertung beim Autor, Public Domain ist völlig frei verfügbar.
>
>
>
> Sicher hast du auch schon mal den Begriff »**Open Source**« gehört. Hierbei sind sämtliche Programmtext-Dateien, mit denen das Programm erstellt wurde, frei und offen zugänglich. Wenn du dich mit Programmieren auskennst, könntest du also ein Open-Source-Projekt selbst weiterbearbeiten.
>
> Shareware, Freeware und PD-Software kann natürlich nicht unbedingt so viel bieten wie teure professionelle Software. Aber es gibt oft einige Leckerbissen, die alles haben, was man im Normalfall so braucht.
>
> Außer Shareware gibt es auch noch Demos. Unter einer Demo versteht man ein Programm, das dir nur einen meist kleinen Ausschnitt von dem zeigt, was es kann. Besonders im Bereich der Spiele sind Demos sehr beliebt, damit du mal sehen kannst, was dir entgeht, wenn du dieses Spiel nicht kaufst.
>
> Wo gibt es dieses ganze kostenlose Zeug? Vor allem im Internet. So hat der App Store von Microsoft jede Menge Apps zu bieten, die nichts kosten. Aber auch viele Zeitschriften kommen Monat für Monat mit einer CD oder DVD. Also ausprobieren, probieren, probieren. (Vor allem, weil es bei der Masse an Angeboten natürlich auch eine Riesenmenge Müll gibt, die du aussortieren musst.)
>
> Vielleicht willst du mir jetzt von deinen Kumpels erzählen, die viele tolle Profi-Software ganz umsonst zu Hause haben. Viele haben heutzutage einen Brenner,

> womit man die Dinger reihenweise herstellen kann. Das ist im ersten Moment spottbillig, ein CD- oder DVD-Rohling für den Brenner kostet nicht mal einen Euro. Teuer wird es erst, wenn die Polizei mal eine Hausdurchsuchung macht und die ganze Sammlung findet.
>
> Denn das Kopieren von Software, die man eigentlich kaufen muss, ist illegal. Man nennt so etwas auch **Raubkopie**. Logisch, dass eine Firma, die Monate oder Jahre an einer Anwendung oder einem Spiel programmiert, sich das nicht gefallen lässt, wenn man das Zeug einfach kopiert und damit klaut.

ANWENDUNGEN (APPS) INSTALLIEREN

Bevor man mit einer Software etwas anfangen kann, muss sie erst einmal auf dem Computer installiert sein. Das heißt, sie muss auf den Start unter Windows vorbereitet werden.

Viele Anwendungen (Apps) lassen sich automatisch installieren, wenn du sie aus dem App-Store holst oder kaufst. Schauen wir dort doch gleich mal rein. Voraussetzung ist, dass du mit einem Konto angemeldet bist. Du kannst dasselbe Konto benutzen, das du auch für OneDrive und Cortana verwendest.

≫ Öffne das Start-Menü und suche dort den Eintrag MICROSOFT STORE, dann klicke oder tippe darauf.

In einem Fenster bekommst du nun einen erst mal kleinen Überblick über die Angebote des App Stores. Das Ganze wird bei dir natürlich (inzwischen) anders aussehen als bei mir in der Abbildung.

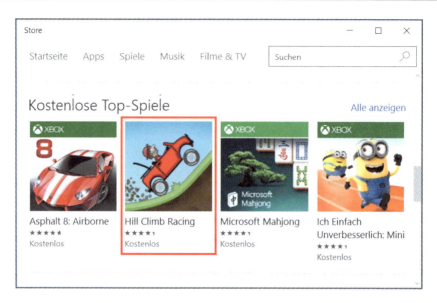

➢ Wähle eine der Apps aus, die dir gefallen könnte, und klicke oder tippe auf die Kachel. (Hier wird zwischen Apps und Spielen unterschieden.)

Nun wird dir die gewählte Anwendung oder das Spiel allein angezeigt. Ich habe mich für etwas entschieden, das nichts kostet. Deshalb steht auf der Schaltfläche KOSTENLOS. (Ansonsten würde hier ein Preis stehen.)

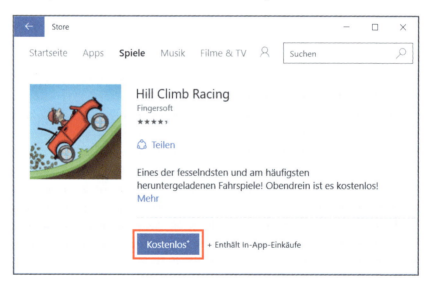

➢ Klicke oder tippe (in diesem Fall) auf die Schaltfläche KOSTENLOS. (Ansonsten steht dort ein Preis.)

Nun kommen ein paar Meldungen, darunter »Der Download wird gestartet«. Dann ändert sich die Aufschrift auf der Schaltfläche.

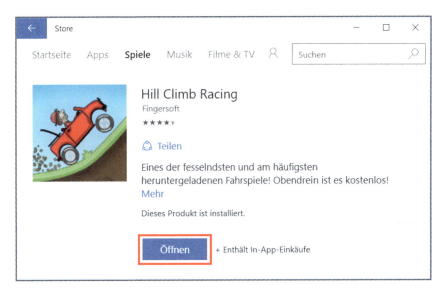

≫ Wenn du die App (bzw. das Spiel) starten willst, klicke oder tippe auf ÖFFNEN.

≫ Wenn nicht, findest du die neue App jederzeit über das Start-Menü und die Liste aller Apps.

Viele Programme bzw. Anwendungen (Apps) für Windows bekommst du nicht direkt im Shop, sondern nur bei den Anbietern selbst. Oft musst du dort die Installation sozusagen von Hand anstoßen. Dafür gibt es ein sogenanntes Setup-Programm, das nicht immer diesen Namen hat. In der Regel ist es erkennbar an einem Symbol, das so oder ähnlich aussehen kann:

≫ Mit Doppelklick oder zweifachem Tippen wird die Installation gestartet. Oder du öffnest das Kontextmenü zum Symbol und wählst dort ÖFFNEN.

Windows vertraut der Herkunft eines Programms, das nicht aus dem Store kommt, nicht so ohne Weiteres, deshalb musst du oft mit einer solchen Meldung rechnen (sogar, wenn das Programm von Microsoft selbst ist, kann das passieren):

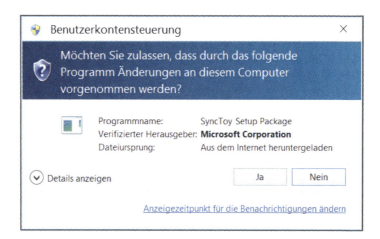

Wenn du installieren willst, bestätige das mit JA. Dann richtest du dich nach den Anweisungen, die folgen. Wurde die Installation erfolgreich beendet, erscheint die neue App in der Liste im Start-Menü.

Bei vielen Anwendungen lässt sich die Installation auch wieder komplett rückgängig machen. Man nennt das Deinstallieren oder **Deinstallation**. Das heißt, dass dann alle Teile der Software wieder entfernt werden. (Das klappt allerdings nicht immer vollständig und hängt davon ab, wie genau das Installationsprogramm seine Arbeit protokolliert hat.)

So werden Programme (Apps, Spiele) installiert:

◇ Über den App Store: Klicke oder tippe auf die STORE-Kachel, suche das gewünschte Programm aus und klicke oder tippe auf KOSTENLOS (oder den Preis).

◇ Andere Anbieter: Lade die Programmdaten aus dem Internet. Klicke oder tippe doppelt auf das Symbol für die Setup-Datei. Folge den Anweisungen.

TEXTVERARBEITUNG

Der Name sagt eigentlich schon alles. Mit solch einem Programm kannst du nicht nur Texte schreiben und ausdrucken, sondern regelrecht künstlerisch gestalten. Ein gutes Textverarbeitungsprogramm kontrolliert deine Rechtschreibung und die Grammatik, während du tippst. Du kannst unter unzähligen Schriftarten und Schriftgrößen auswählen, die dir für deinen Text am besten gefallen. Du kannst Bilder einfügen und ganze Seiten gestalten. Mit den Profiprogrammen für Textverarbeitung lassen sich sogar komplette Zeitschriften oder Bücher erstellen.

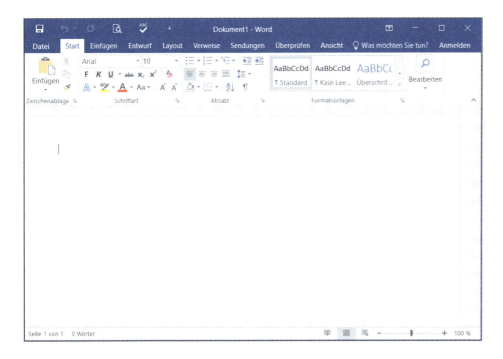

Oft benutzte Programme für Textverarbeitung, die fast alles können, finden sich in der Regel zusammen mit anderen in einem sogenannten Office-Paket (mehr darüber steht weiter hinten in diesem Kapitel).

Etwas Erfahrung mit einem einfachen Textprogramm hast du bereits im dritten Kapitel gesammelt. Da ging es darum, einen Brief zu schreiben. Allerdings blieb es beim reinen Eintippen. Allzu viele Möglichkeiten zur Verschönerung waren nicht drin.

Glücklicherweise musst du nicht gleich eine von den teuren Textverarbeitungen kaufen, um deinen Brief doch noch nach deinem Geschmack zu gestalten. Windows hat noch ein weiteres Textprogramm, das schon sehr viel mehr kann als der Editor. Es heißt **WordPad** und du findest es in der Liste der Apps unter WINDOWS ZUBEHÖR, in dem auch der Editor und noch ein paar andere Zugaben liegen.

GRAFIK

Mit Sicherheit noch mehr Spaß macht das Arbeiten mit Bildern (Grafik). Ein gutes Grafikprogramm hat übrigens auch gegen Text nichts einzuwenden. Mit den Profiprogrammen für Bildverarbeitung lassen sich ganze Kataloge oder Zeitschriften erstellen.

Unterschieden wird zwischen diesen beiden Arten:

◇ Die **Pixelgrafik** setzt jedes Bild aus lauter einzelnen bunten Punkten zusammen. Diese Punkte werden auch Pixel genannt. So siehst du ein Bild auf dem Bildschirm, und so wird ein Bild auch ausgedruckt. Wenn du etwas ausbessern willst, musst du radieren und dann neu malen. Bei Vergrößerungen einer Pixelgrafik verschlechtert sich die Bildqualität immer mehr (weil man die Bildpunkte immer stärker sehen kann).

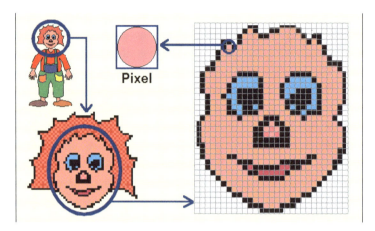

◇ Bei der **Vektorgrafik** dagegen geht es ganz mathematisch zu. Jedes Bild besteht aus verschiedenen Objekten, die nicht als eine Fläche von Punkten gilt, sondern mithilfe von Formeln beschrieben wird. Du kannst jeden Teil eines Bildes unabhängig vom anderen erstellen und bearbeiten, verschieben oder wieder entfernen. Die Linien eines Bildobjekts sind durch Knoten miteinander verbunden, über die du die Form fast beliebig verändern kannst. Die Bildqualität bleibt auch bei starker Vergrößerung immer erhalten.

TABELLENKALKULATION

Auch hier kannst du zum Ausprobieren direkt ein Programm benutzen, das Windows schon zur Verfügung stellt. **Paint** ist ein Pixelprogramm aus dem WINDOWS-ZUBEHÖR mit nicht allzu vielen, aber für Anfänger ausreichenden Möglichkeiten.

> Beispiele für Grafikprogramme (jeweils Vektor und Pixel):
> - **Illustrator** und **Photoshop** von Adobe
> - **CorelDraw** und **PhotoPaint** von Corel

TABELLENKALKULATION

Um Listen und Tabellen, die mit Zahlen, Text oder Formeln ausgefüllt werden, geht es in einer Tabellenkalkulation. Die gesamte Arbeitsfläche des Fensters wird wie durch ein Gitter in sogenannte Zellen eingeteilt.

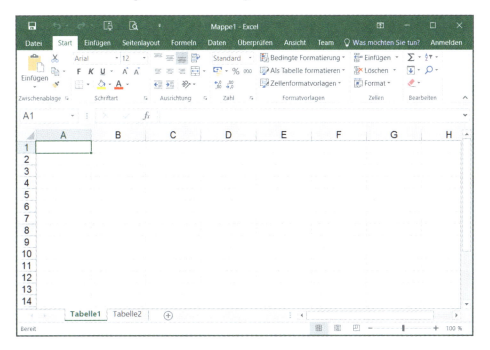

Jede Zelle bekommt eine feste Adresse, die durch die Spalte und die Zeile bestimmt wird, in der die Zelle liegt. Während die Zeilen von 1 an durchnummeriert werden, erhalten die Spalten Buchstaben. Natürlich bieten große Kalkulationsprogramme mehr als nur Spalten von A bis Z. Dann geht die Zählung mit Doppelbuchstaben weiter (AA, AB, AC usw.).

So hat also die erste Zelle ganz links oben in der Tabelle die Adresse A1. Und die letzte Zelle rechts unten in der Abbildung hat die Adresse F15 bzw. D15.

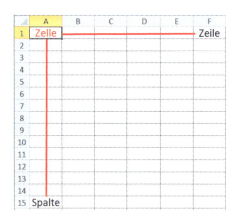

Als kleines Beispiel hat hier Nele aufgelistet, was sie und Tim in einem Jahr so an Geld eingenommen und ausgegeben haben.

DATENBANKEN

Normalerweise bringst du dein Geld zur Bank. Was für dich Geld ist, sind für den PC Daten. Und die werden gewöhnlich in Dateien untergebracht und auf Festplatte oder andere Datenträger gesichert.

Bei einer Datenbank werden Datensätze gesammelt. Unter einem Datensatz versteht man die Zusammenfassung von Daten, die zu einem Objekt gehören. So können z.B. der Name, die Adresse, Telefonnummer und weitere Informationen zu einem Datensatz gehören. Oder Titel und Interpret einer CD.

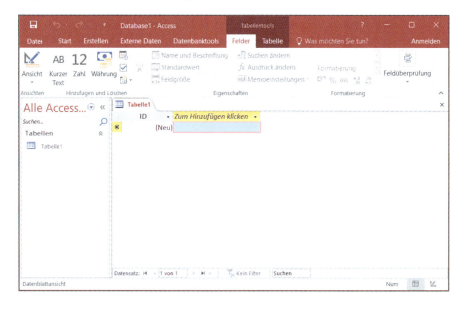

Mit einer Datenbank hast du also Adressen, Sammlungen von Video-DVDs, Musik-CDs und Büchern im Griff. Mit großen Datenbanksystemen lassen sich ganze Personaldateien von Firmen und Behörden verwalten, auch die Polizei verfügt über riesige Datenbanken zur Verbrechensbekämpfung. Und über das Internet kannst du dich in viele Datenbanken einwählen und dort umsehen.

Um ein kleines Beispiel kommst du auch hier nicht herum. Die einzelnen Daten eines Datensatzes werden in Datenfeldern untergebracht. Dabei ist auch die Verwaltung von Bildern und anderen Datentypen ermöglicht, womit der erste Datensatz der Musiksammlung von Tim etwa so aussehen könnte:

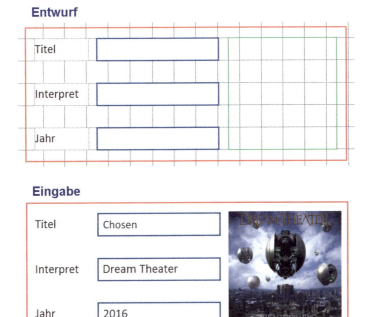

Eine Besonderheit von Datenbanken ist es, dass man Datensätze nach Belieben sortieren und nach allen möglichen Kennzeichen durchsuchen kann (z.B. nach einem schwarz-weißen Hund mit grünblauen Ohren oder nach Musikstücken, in denen das Wort »Liebe« vorkommt).

OFFICE-PAKETE

Vielen Leuten ist eine Textverarbeitung oder Tabellenkalkulation oder Datenbank allein zu wenig. Für die gibt es auch alles in einem sogenannten **Office**-Paket. Dazu kommen dann oft noch Organisations-Programme und einige weitere Nützlichkeiten (Utilities).

Beispiele für Software-Pakete:
- **Microsoft Office** (u.a. Word, Excel, Access, OneNote, Outlook)
- **Open/Libre Office** (u.a. Writer, Calc, Base, Draw)

MULTIMEDIA

Manche fassen alles, was irgendwie mit Bild und Ton zu tun hat, unter Multimedia zusammen. Dem Thema Grafik habe ich schon einen eigenen Abschnitt gewidmet. Aber Multimedia enthält auch eher die Themen Sound, Musik und Video.

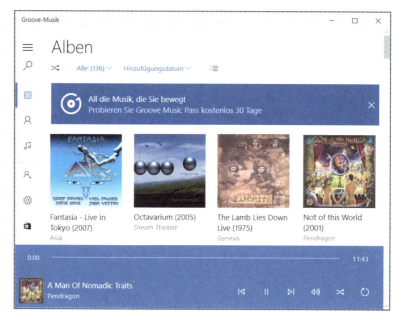

Die Windows-App Groove-Musik ermöglicht das Abspielen von Musik, der Media Player darüber hinaus auch von Videos und Animationen. Im Internet findest du weitere Player, die meisten davon sind kostenlos zu haben.

Alles in allem geht es hier auch um Software, die sich schon mit etwas spezielleren Gebieten befasst. Während eigentlich jeder irgendwann mal etwas mit Text und Grafik zu tun hat, wenn er am Computer sitzt, ist es doch seltener, dass man ein Musikstück komponieren oder einen Videofilm bearbeiten will. Zumal dazu auch die passende Hardware vorhanden sein muss.

Zu Multimedia gehört auch die sogenannte Lernsoftware. Eine Menge von Herstellern ist sehr bemüht, dir das Lernen so schmackhaft wie möglich zu machen. Allerdings gelingt das nicht jedem. Es gibt immer noch viel Software, die eher an die in der Schule verbreitete Langeweile erinnert.

SPIELE

Und nun kommen wir zu einem Thema, das du vielleicht lieber an den Anfang des Kapitels gestellt hättest. Die Informationen, die dir eine Spielezeitschrift bietet, kannst du hier natürlich nicht erwarten. Zumal es ständig neue Spiele gibt, die noch viel mehr können als die vorherigen. Aber ein bisschen was zum Thema Spiele gehört auch in dieses Buch.

Geht es um brandneue Spiele, kann es ein Hardwareproblem geben: Einige davon sind für höchste Leistungen vor allem im grafischen Bereich ausgelegt. So manches Notebook oder Tablet würde da in die Knie gehen. Eigentlich wäre da nicht selten ein neuer Computer nötig. Der muss noch schneller sein (Hauptprozessor und Grafikkarte), noch mehr Arbeitsspeicher, eine noch größere Festplatte haben. Wenn du eine solch teure Kiste nur fürs Spielen benutzt, wird die Sache doch recht kostspielig. (Immerhin gibt es ja auch sehr schnelle Spielkonsolen, für die deutlich weniger Euro fällig sind.)

Aber da sind ja auch zahlreiche Spiele, die auch auf Tablets und sogar auf Smartphones Spaß machen können, zumal diese Geräte inzwischen auch immer kräftigere Hardware zu bieten haben.

Schauen wir uns an, was es hier an Bereichen gibt – auch **Genres** genannt. Einen kleinen Überblick verschafft dir die folgende (nicht unbedingt brandaktuelle) Tabelle:

Spiel-Genre	Kurze Beschreibung	Beispiele
Abenteuerspiel, Adventure	Eine Hauptfigur wird durch verschiedene Abenteuer gesteuert, muss dabei Gegenstände einsammeln und geschickt benutzen.	Monkey Island, Simon the Sorcerer
Actiongame, Actionspiel	Ein Fahrzeug oder eine Figur muss sich durch gefährliche Gegenden kämpfen und nicht selten auch den Weg freischießen.	Halflife, Crysis, Max Payne
Genremix	Eine Mischung aus verschiedenen Genres (z.B. Action-Adventure)	Tomb Raider, GTA
Jump & Run	Eine Hauptfigur ist ständig dabei, Hindernisse zu überspringen oder Feinden auszuweichen.	Prince of Persia, Sonic, Super Mario
Rennspiel, Flugspiel	Ein Auto, Flugzeug oder Hubschrauber wird möglichst schnell über/durch manchmal sehr schwierige Strecken gesteuert.	Need for Speed, Flight Simulator
Rollenspiel	Eine einzelne oder eine Gruppe von Figuren durchlebt eine Geschichte, die sich von Mal zu Mal anders entwickeln kann.	World of Warcraft, Final Fantasy
Simulation	Alles, was irgendwie simuliert (= nachgeahmt) werden kann, unter anderem auch das Leben.	Sims, Patrizier, Creatures
Sportspiel	Hier werden bekannte Sportarten wie Fußball, Golf oder Tennis simuliert oder organisiert.	Fußball Manager, F1, PGA-Tour
Strategiespiel	Simuliert wird die Entstehung von Kulturen oder ein Krieg ganzer Armeen. Überleben kann man nur durch geschickte Strategie.	Age of Empires, Command & Conquer

Das sind bestimmt nicht alle Genres, die es gibt. Und es gibt ja ständig neue Spiele, sodass meine Tabelle vielleicht schon wieder veraltet ist. Außerdem hat jedes Spielemagazin seine eigene Art, die Spiele nach Bereichen einzuteilen.

Wenn du's also genauer wissen willst, musst du deshalb in solchen Magazinen oder im Internet stöbern. Dort findest du auch Tests der neuesten Spiele. Oft gibt es eine zum Heft beigepackte CD oder DVD mit Demos. Und aus dem Internet lassen sich eine Menge kostenloser Spiele und Demos herunterladen.

> Wenn du nicht immer das allerneueste Spiel haben musst, dann bieten sich Spielesammlungen an. Meist auf mehrere CDs oder DVDs verteilt, gibt es dort Spiele im Angebot, die früher mal zu den besten gehörten. Oder verschiedene Spiel-Seiten im Internet bieten ältere Spiele zum Download ab.
>
> Weil bis heute die Ansprüche besonders an Grafik und Sound immer höher geworden sind, lassen sich diese »veralteten« Spiele nur noch zu Spottpreisen verkaufen. Trotzdem haben viele ihren Reiz nicht verloren, es macht einfach Spaß, sie immer wieder zu spielen.

KONTAKTE, TERMINE, AUFGABEN

Du musst nicht Geschäftsmann oder -frau sein, um deine Zeit und deine Kontakte zu managen. Früher hatte man seine Kalender auf dem Tisch liegen oder an der Wand hängen, und oft gab es ein kleines Büchlein, in das man die Telefonnummern und Adressen seiner Freunde und Bekannten eintrug (so etwas nutzen nicht wenige auch heute noch), inzwischen gibt es einiges an Applikationen (Apps), die versuchen, dir beim Organisieren deiner Kontakte und Termine unter die Arme zu greifen.

Wenn dir die Möglichkeiten nicht genügen, die dein Betriebssystem dir anbietet, gibt es auch professionelle Software, mit deren Hilfe du deinen Lern- und Arbeitsalltag ebenso wie deine Freizeit umfassend organisieren und komfortabel verwalten kannst.

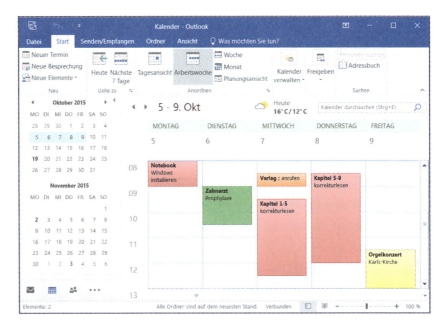

Außerdem ist es nützlich, nicht nur eine Liste mit den kompletten Adressen und Telefonnummern und anderen wichtigen Daten von Personen oder Firmen zu haben, sondern sie auch gleich als Basis zum Verschicken von Post per Computer (E-Mails) und zum Telefonieren zu nutzen.

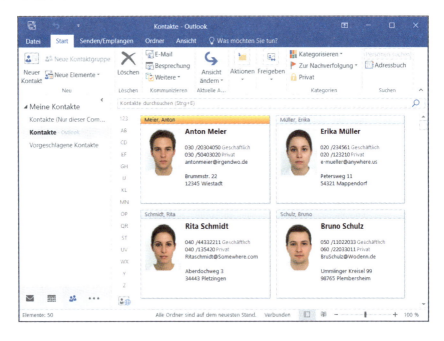

Interessant ist die Möglichkeit, alle Termine und Kontakte über die Cloud zu **synchronisieren**, das heißt: Auf deinem Notebook, Tablet und Smartphone befinden sich immer dieselben Daten. Änderst du in einem Gerät etwas, wird das über das Internet automatisch angepasst, sobald du ein anderes Gerät anschaltest. Dazu bieten u.a. Microsoft und Google kostenlose Dienste an.

Weil man mit dieser Art von Software sein Leben (besser) organisieren oder managen kann, kann man das hier auch **Management**- oder **Organisations**-Software nennen. (Ohne Fremdwortgebrauch könnte man auch sagen: Handhaben, in den Griff kriegen, ein passendes Wort für die Software kannst du dir selbst ableiten.)

INTERNET – DAS NETZ DER NETZE

Wenn man alle Computer der Welt zusammenstöpselt, wird daraus ein riesiges Netz von Computern. Es müssen nicht mal alle sein, ein paar Millionen reichen schon. Die Verbindung wird vorwiegend über ein Kabelsystem hergestellt, das es schon seit Langem gibt: das Telefonnetz. Natürlich kommen dazu neue Leitungen, vor allem modernere: Statt Kabel aus Kupfer sind das solche aus Glasfaser.

Das ganze System reicht dann von Europa bis Amerika, Asien, Afrika und Australien. Und weil es dadurch zu einem internationalen Gewebe geworden ist, spricht man inzwischen von **Internet** und WWW.

WWW ist die Abkürzung für »World Wide Web«, zu Deutsch etwa »Weltweites Gewebe«, kurz auch **Web** genannt (und statt »Gewebe« kann man auch Netz sagen).

Angeboten werden dort sogenannte Webseiten (oder Websites), die du dir ansehen kannst. Über eine Suchmaschine wie Google oder Bing kannst du auch gezielt das ganze Welt-Netz durchsuchen.

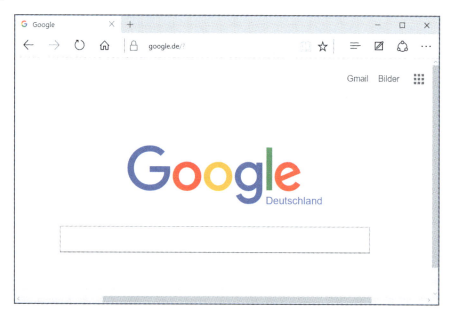

Oft gibt es sogenannte **Hyperlinks**, das sind Verknüpfungen zu anderen Webseiten. Das ist so ähnlich wie in einem Buch der Text »Weiter geht's auf Seite X«. Wenn du darauf klickst oder tippst, blätterst du dich von einer zur anderen Seite. Dort kannst du nach interessanten Themen suchen und sogar Spiele, Anwendungen oder andere Dateien in den eigenen Computer laden. Und mit Wikipedia gibt es sogar ein riesiges **Online-Lexikon**, in dem du fast immer zu einem Begriff etwas Erklärendes findest.

Voraussetzung für alles ist, dass dein PC an ein Telefon- oder Kabelnetz angeschlossen ist oder du über eine direkte oder mobile Funkverbindung (WLAN, WWAN) verfügst.

Außerdem brauchst du einen **Browser**, ein Programm, mit dem du dich durchs Internet blättern oder hangeln kannst, auch **Surfen** genannt. Diese drei sind die bekanntesten Browser:

◇ **Chrome** von **Google**

◇ **Edge** von **Microsoft**

◇ **Firefox** von **Mozilla**

Daneben liefern die Hersteller von Smartphones und Tablets an das jeweilige Gerät angepasste Webbrowser.

ELEKTRONISCHE POST

Über das Internet kann jeder dem anderen Daten zuschicken oder auch mal nur eine Nachricht oder einen Brief senden. So etwas nennt man dann auch **E-Mail**.

Und so kommt ein Brief in Sekundenschnelle an und könnte auch kurz danach schon beantwortet werden. (Damit du ihn wie einen richtigen Brief aufbewahren kannst, lässt er sich natürlich auch ausdrucken.)

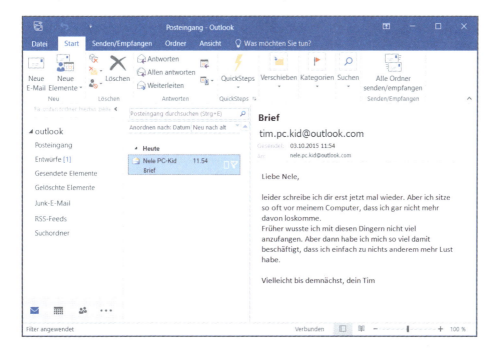

Richtest du dir ein (kostenloses) Konto bei einer großen Software-Firma wie Microsoft oder einem Internet-Dienstleister wie Google ein, dann kannst du alle damit verbundenen Geräte synchronisieren, hast also immer nicht nur alle aktuellen E-Mails im Blick, sondern auch Kontakte und Termine griffbereit, ob du nun gerade mit dem Notebook oder Tablet arbeitest oder mit dem Smartphone unterwegs bist.

DOWNLOADS, CHATS UND GAMES

Im Internet hast du nicht nur Zugriffsmöglichkeiten auf eine Unzahl von Informationen, sondern du kannst auch Programme wie Anwendungen, Spiele und anderes in deinen PC herunterladen (und installieren). Man sagt dazu **Download**.

Du kannst dich sogar mit anderen Menschen in der ganzen Welt unterhalten. Das nennt man **Chatten**. Oder du nimmst über deinen PC zusammen mit anderen Menschen, die irgendwo in der Welt verstreut sind, am selben Spiel teil (sogenannte **Online-Games**).

EINKAUFEN IM INTERNET

Auch das Einkaufen übers Internet ist heute weit verbreitet. Sicher wirst du deinen Bedarf an Lebensmitteln lieber über den Supermarkt oder den Discounter in deiner Nähe decken wollen, doch gerade Bücher oder Musik werden heute immer mehr über sogenannte **Online-Shops** gekauft. Das ist ja besonders bequem, wenn es sich um Dateien handelt, die ohnehin auf deinem Computer landen. Aber auch bei gedruckten Büchern, CDs und DVDs oder BDs, Elektronik-Artikeln, sogar bei Schuhen und anderen Kleidungsstücken wird man oft im Internet fündig. Man kann es bequem bestellen, sich anschauen, ausprobieren und gegebenenfalls zurückschicken. Inzwischen gibt es fast nichts, was man nicht auch übers Internet kriegen könnte.

Grundsätzlich kommst du sowohl bei einem Online-Shop wie z.B. **Amazon** oder einem Internet-Auktionshaus wie z.B. **eBay** (wo man sich Artikel ersteigern kann) nur mit einem Kennwort in den eigenen Kundenbereich. Vorher musst du einige deiner persönlichen Daten angegeben haben, erst nach deren Überprüfung wirst du zum Kunden. Du kannst dann per Überweisung bezahlen oder dem Shop erlauben, das Geld von deinem Konto abzubuchen (genannt: Lastschrifteinzug).

Beim Surfen im Internet kann es dir passieren, dass dir beim Besuch irgendeiner Website eine Spionage-Software auf deinen PC geladen wird, ohne dass du es bemerkst. Die kann dann die Eingabe z.B. eines Kennworts abfangen und dieses an Leute schicken, die deine Daten missbrauchen, versuchen, auf deine Kosten einzukaufen oder sogar dein Geldkonto leer zu räumen.

ZUSAMMENFASSUNG

Deshalb sind die Sicherheitseinstellungen deines Betriebssystems so wichtig: Eine Firewall versucht, die gröbsten Angriffe abzuwehren, ein Virenscanner ist bemüht, Viren und andere Eindringlinge unschädlich zu machen.

Über die SYSTEMSTEUERUNG (und dort über SYSTEM UND SICHERHEIT) kannst du kontrollieren, ob alle Abwehrmaßnahmen aktiv sind.

ONLINE-BANKING

Vergleichbares gilt für das **Online-Banking**. Allerdings ist da noch mehr als beim Online-Shopping größte Vorsicht geboten.

Nachdem du dich bei deiner Bank oder Sparkasse mit der Kontonummer und deiner Kennnummer (**PIN** = Persönliche Identifikations-Nummer) angemeldet hast, hast du Zugriff auf deine Kontodaten. Um etwas zu überweisen, benötigst du für jeden Vorgang eine weitere Kennzahl (**TAN** = Transaktions-Nummer), die den Wert einer Unterschrift hat und nur kurzzeitig gilt.

Dazu kannst du mit dem Geldinstitut vereinbaren, dass dir die aktuelle TAN in einer SMS an dein Smartphone oder Handy geschickt wird. Die lässt sich nicht so einfach von außen abfangen, weil der betreffende Spion wohl kaum gleichzeitig auf deinem Notebook und deinem Smartphone aktiv ist. Und wenn du sie auf der Website der Bank oder Sparkasse eingetippt hast, wird nur der aktuelle Vorgang ausgeführt und die TAN ist anschließend ungültig.

ZUSAMMENFASSUNG

Nun ist es aber genug. Alles über Software weißt du zwar noch lange nicht. Aber wozu auch? Normalerweise braucht man davon nur eine Handvoll, um mit einem Computer etwas anfangen zu können. Und über die hast du einiges erfahren. Um diese Arten und Bereiche ging es:

Softwarebereich	Kurze Beschreibung
Betriebssystem, Treiber	Alles im PC unter Kontrolle halten
Datenbank(system)	Daten sammeln, ordnen oder finden
Entwicklungsumgebung/ Programmiersystem	Programme erstellen, testen und bearbeiten
Grafik (Bildverarbeitung)	Bilder zeichnen, malen und gestalten
Management/ Organisation	Termine und Aufgaben, Kontakte und E-Mails verwalten

Softwarebereich	Kurze Beschreibung
Multimedia	Filme und Klänge bearbeiten und gestalten, aber auch lernen
Spiele	Spielen, spielen, spielen ...
Tabellenkalkulation	Tabellen füllen und bearbeiten
Textverarbeitung	Text tippen, bearbeiten und gestalten
Utility, Tool	Aushelfen, wo etwas nicht so recht klappt

Du weißt, dass du jede Menge Software im Internet direkt nutzen oder herunterladen kannst. Nicht alles, aber vieles davon ist kostenlos. Und du weißt, dass du auch viel Geld übers Internet loswerden kannst, durch Einkauf und durch Unachtsamkeit.

SCHLUSSWORT

Das war das letzte Kapitel. Wenn du nun noch mehr über den ganzen Kram wissen willst, der mit Computern zu tun hat, kannst du auch einmal im zuletzt genannten Internet forschen, dir von dort neue Programme und Anregungen holen, chatten oder einfach nur herumsurfen. Außerdem gibt es natürlich jede Menge Bücher – z.B. die aus der KIDS-Reihe des **mitp**-Verlages.

Was jetzt noch folgt, ist nur der Anhang. Aber auch da gibt es für dich noch einiges zum Durchstöbern...

ANHANG A FÜR ELTERN UND LEHRER

Kids und Computer, wo soll das bloß hinführen? Wer zahlt denn unsere Rente, wenn die Kids ihr halbes Leben nur vor dieser verdammten Kiste zubringen? Ich bin aber sicher, dass das nicht Ihre Meinung ist. Neugierig, wie Sie nun mal sind, haben Sie sogar schon ein bisschen in die Kapitel vor diesem Anhang hineingeschnuppert.

Oder irre ich mich etwa? Dann wird es höchste Zeit: Auch als allwissender Erwachsener könnten Sie Ihr eingerostetes Wissen über diese (kleinen) Monster, die unser Leben längst in der Hand haben, ein wenig auffrischen oder erweitern. So wie ich es sehe, haben Sie keine große Wahl: Lesen Sie dieses Buch am besten zusammen mit den Kids. So erhalten Sie ein solides Grundwissen, mit dem Sie vor den eigenen Kindern, deren Freunden und sogar vor den Nachbarn und Arbeitskollegen herumprahlen können.

Inzwischen sind es nicht mehr nur die Eltern oder Schulen, die einen Computer haben. Immer mehr Kids haben schon sehr früh ein Handy oder Smartphone, einen Laptop gibt es meist erst später. Aber schon früh sind es die Jüngeren, die sich mehr trauen als die Älteren. Könnte nicht gerade das ein Ansatz sein, die vielleicht etwas angestaubte Beziehungskiste aufzupolieren?

Kids sind durchaus dankbar, wenn sich die Älteren auch mal etwas von ihnen anhören, sich auch mal von ihnen belehren lassen (anstatt umgekehrt). Und an den Stellen im Buch, wo es mir nicht gelungen ist, für alle Kids verständlich zu formulieren, können Sie als Eltern oder Lehrer dann wieder Ihre Glanzseite hervorkehren.

Und wenn Sie oder Ihre Kids nicht mehr weiterwissen, schauen Sie mal in den Anhang B. Dort finden Sie vielleicht die Hilfe, die Sie brauchen. Ansonsten: Fragen Sie jemanden, der/die sich damit auskennt …

ANHANG B
KLEINE PANNENHILFE

Computer sind bisweilen so anfällig und empfindlich wie Menschen: Nicht immer funktioniert alles wie geplant, dann gibt es eben Pannen. Manchmal ist es nur ein winziger Fehler, aber er tritt oft im falschen Moment auf. Und das kann dann sehr ärgerlich sein.

Nicht in jedem Fall lässt sich dagegen sofort etwas tun. Manchmal bleibt dir sogar keine andere Wahl, als deinen PC zu einer Werkstatt zu bringen, die das gute Stück wieder repariert. Allerdings kann das eine ganze Stange Geld kosten.

Manchmal aber hilft auch schon ein Blick in diese Liste, um eine Lösung für dein Problem zu finden:

Was ist los?	Was kannst du tun?
Du schaltest den Computer ein und nichts passiert.	Prüfen, ob die Akkus voll sind oder das Stromkabel richtig angeschlossen ist
Nach dem Einschalten bleibt das Display dunkel.	Prüfen, ob die Helligkeit verstellt ist. Bei Tablets und Smartphones notfalls das Gerät komplett neu starten (Reset).

Was ist los?	Was kannst du tun?
Du schaltest den Computer ein, der startet; aber dann stoppt er plötzlich mit einer Fehlermeldung.	Jemanden das BIOS-Setup überprüfen lassen, der sich damit auskennt
Du versuchst, eine Datei zu laden. Es erscheint eine Meldung wie »Auf das Gerät kann nicht zugegriffen werden« oder »Gerät nicht bereit«.	Vielleicht eine CD/DVD einlegen oder einen USB-Stick einstecken, bei externen Laufwerken Anschlüsse überprüfen
Du versuchst, eine Datei zu speichern. Es erscheint eine Meldung wie »Datenträger ist schreibgeschützt«.	Schreibschutz beim Datenträger entfernen. Bei CD/DVD: Auf Fertig-CDs/DVDs lässt sich nichts mehr brennen.
Du versuchst, etwas auszudrucken. Aber es funktioniert nicht.	Prüfen, ob der Drucker eingeschaltet ist (auch da leuchtet ein Lämpchen). Nachschauen, ob Papier im Drucker vorhanden ist. Prüfen, ob die Verbindung zwischen Drucker und PC in Ordnung ist.
Ein Datenträger scheint nicht in Ordnung zu sein.	Über SYSTEMSTEUERUNG nach einer Lösung suchen
Ein Programm, das vorher stabil funktioniert hat, verhält sich plötzlich ganz seltsam. Oder der ganze Computer scheint zu spinnen.	Am besten alle Laufwerke genau mit einem Virenschutzprogramm überprüfen, das von außen über einen USB-Stick oder eine CD/DVD gestartet wird
Der PC läuft eine Zeit lang, dann reagiert plötzlich ein Programm oder der ganze PC nicht mehr.	Die Taste [Esc] drücken. Oder die Tasten [Strg]+[Alt]+[Entf] drücken. Wenn das nichts nützt, den Computer neu starten (Reset).

Was du immer hörst, wenn ein Desktop- oder Laptop-PC läuft:

◇ die Lüfter für das Netzteil und den Hauptprozessor,

◇ die Festplatte.

Bei Tablets oder Smartphones dagegen gibt es keine Lüfter. Sollte dir dennoch irgendein seltsames Geräusch begegnen, es fremdartig riechen oder sonst irgendwas Angst machen, dann schalte das Gerät komplett aus. Lass dann jemanden überprüfen, woher das Geräusch oder der Geruch kommen könnten. Notfalls muss das Ding eben in die Werkstatt.

ANHANG C
KLEINES LEXIKON

Damit du im Kreise der erlauchten Computer-User und -Freaks mitreden kannst, brauchst du einen Minimalwortschatz. Ich hoffe, ich habe im Folgenden das Wichtigste zusammenbekommen (nicht alles davon kommt in den Kapiteln dieses Buches vor). Aber denke daran: Ständig gibt es Neues und selbst Neuestes ist schnell veraltet. Beim Surfen im Internet findest du meist das, was aktuell wichtig ist, um damit deinen Wortschatz auf den neuesten Stand zu bringen.

A

ABBRECHEN, ABBRUCH

Ein anderes Wort für einen Programmstopp. Der PC bricht ein Programm ab, wenn er darin einen Fehler entdeckt. Du kannst ein Programm aber auch selbst abbrechen. Dazu musst du meist auf eine → Schaltfläche klicken oder tippen, auf der Abbrechen steht. Oder du drückst stattdessen die [Esc]-Taste.

Manchmal muss ein Programm auch gewaltsam abgebrochen werden, z.B. nach einem → Absturz. Wenn dann das Drücken von [Strg]+[Pause] nicht mehr hilft, brauchst du gleich drei Tasten, nämlich [Strg]+[Alt]+[Entf].

ABSTURZ

Wenn der Computer nicht mehr reagiert, spricht man von Absturz. Du musst ihn neu starten.

ACCOUNT

Englisches Wort für Konto. Wenn man sich bei einem → Internet Provider anmeldet, erhält man einen Benutzernamen und eine Nummer. Außerdem benötigt man noch ein → Kennwort bzw. Passwort. Damit hat man die Zugangsberechtigung bzw. den Account für den Online-Dienst oder fürs Internet.

ADMINISTRATOR (ADMIN)

Verwalter von Computersystemen und Netzwerken, sozusagen »oberster Chef« in einem System.

ADRESSBUS

Ein Leitungssystem zum Übertragen von Adressen an Speicher und Zusatzgeräte (→ Bus).

ALGORITHMUS

Eine Methode, ein Problem in genau festgelegten Schritten zu lösen. Bevor man z.B. ein Spiel programmiert, legt man den möglichen Spielverlauf genau fest. Dann unterteilt man das Ganze in kleine Arbeitsschritte und beginnt mit dem Programmieren.

ANALOG

Die Darstellung einer stufenlosen Änderung ist analog. Messgeräte und Uhren mit Zeigern stellen etwas analog dar.

ANDROID

Freies Betriebssystem von Google u.a. für → Smartphones und →Tablets.

ANSI

Abkürzung für **A**merican **N**ational **S**tandard Institute. Diese Einrichtung ist in den USA so etwas Ähnliches wie das DIN-Institut in Deutschland, das du sicher z.B. von einer Norm für Schreib- und Druckerpapier kennst (meistens DIN A4). Der ANSI-Code ist der Zeichensatz-Standard für → Windows.

ANTIVIREN

siehe Viren

ANWENDUNG, APPLIKATION (APP)

Ein Programm, das irgendwie nützlich sein soll, beispielsweise zum Schreiben und Malen (Textverarbeitung/Grafik), Rechnen, Sammeln usw. Eine Anwendung darf sogar Spaß machen, muss aber nicht.

APPLET

Ein kleines Programm (z.B. eine grafische Animation), die sich in eine Webseite einbinden lässt. Der → Browser lädt und startet Applets automatisch. Damit lässt sich z.B. auch die eigene → Homepage lebendiger gestalten (→ WWW, → Internet).

ARBEITSPLATZ

Das war das Hauptsymbol früherer Windows-Versionen (von 95 bis XP). Wenn du auf das entsprechende Symbol doppelklickst, öffnest du damit ein Fenster, in dem dir alle Laufwerke deines PC angezeigt werden. Heute wird dieses Symbol einfach »Computer« oder »Dieser PC« genannt.

ARBEITSSPEICHER

Damit arbeitet der Computer, denn der Arbeitsspeicher ist sein Gedächtnis. Ein anderer Begriff ist → RAM. Beim Ausschalten des Computers sind die Daten im Arbeitsspeicher futsch.

ASTERISK (*)

Das Sternchen ist Platzhalterzeichen beim Suchen von Daten. So bezeichnet »A*« alles, was mit A anfängt.

AT (@)

Verknüpfungszeichen für E-Mail-Adressen: Dein_Name@Onlineanbieter.

ATAPI

Eine → Schnittstelle für Laufwerke. Sie befindet sich auf der Hauptplatine.

ATTACHMENT

Anhang einer E-Mail. Das kann eine Dokument-Datei oder ein Bild sein (oder auch mehrere). Bei E-Mails von dir unbekannten Absendern könnten sich darin aber auch Viren verstecken. (Also besser nicht öffnen!)

AUFLÖSUNG

Die Genauigkeit einer Bildstruktur. Je höher die Auflösung ist, desto mehr Einzelheiten können erfasst sein. Normalerweise wird die Auflösung in Punkt gemessen (eigentlich winzige Pünktchen). Ein anderer Ausdruck ist → Pixel. Gute Bilder können aus Millionen von Pixeln (Megapixeln) bestehen.

AUSGABEGERÄT

Ein Gerät, über das der Computer seine Daten ausgibt, z.B. Bildschirm, Drucker, aber auch Festplatten und CDs/DVDs.

B

BACKUP

Das ist die Kopie einer Datei, auch Sicherheitskopie genannt. Wenn das Original mal kaputt ist, hast du immer noch ein Backup.

BETRIEBSSYSTEM

Dein Computer kann nur arbeiten und funktionieren, wenn er ein Betriebssystem hat. Das soll dafür sorgen, dass alles richtig läuft: Es verwaltet den Arbeitsspeicher, das Display (Monitor), die Laufwerke und was sonst noch im und am Computer hängt. Beispiele sind Windows, Linux und Android.

BILDLAUFLEISTE

Wenn ein Text, eine Tabelle oder ein Bild nicht komplett auf den Bildschirm oder in ein → Fenster passt, erscheinen am rechten und unteren Rand schmale Leisten. Klickt man mit der → Maus darauf, kann man die Anzeige weiterblättern.

BINÄRSYSTEM

Das Zahlensystem, mit dem dein PC rechnet und arbeitet: Es benötigt nur die Ziffern 0 und 1.

BINÄRZAHL

Eine Null (0) oder eine Eins (1).

BIOS, BIOS-SETUP

Damit dein PC überhaupt starten kann, braucht er ein Startprogramm, das BIOS. Im BIOS-Setup stehen die Informationen, die der Computer braucht, um richtig funktionieren zu können.

BIT, BYTE

Die kleinste Dateneinheit, mit der dein PC umgehen kann, ist ein Bit. Es gibt nur zwei Werte, nämlich die Null und die Eins. Packt man acht zusammen, bekommt man ein Byte. In Byte wird der Speicherplatz im RAM oder auf Festplatte, Flash-Speicher, CD und anderen Scheiben gemessen.

BITMAP

Ein Bild auf dem Bildschirm besteht aus lauter kleinen (bunten) Punkten, auch Pixel genannt. Für eine Bilddatei ordnet der Computer jedem Punkt eine Binärzahl (aus Nullen und Einsen) zu (→ Datei). Würde man alle diese Zahlen ausdrucken, sähe das aus wie eine große Landkarte (englisch Map). Deshalb heißt das Ganze Bitmap.

BLU-RAY DISC (BD), BD-LAUFWERK, BD-BRENNER

Eine BD ist sozusagen eine CD, auf der das Vielfache an Platz ist, beispielsweise für Videos, Musik, Fotos, Anwendungen, Spiele. Natürlich auch alles miteinander gemischt. Mit dem BD-Laufwerk lassen sich oft auch DVDs (oder CDs) abspielen, mit dem Brenner kann man eigene Scheiben herstellen.

BLUETOOTH

Eine Möglichkeit der Funkverbindung für kurze Entfernungen. Zum Beispiel zum schnellen drahtlosen Verbinden von zwei Smartphones oder Tablets.

BOOT, BOOTEN

So nennt man den Start des Computers.

BROWSER

Ein Hilfsprogramm, mit dem man durchs → Internet bzw. → WWW brausen und dort Informationen sammeln kann. Bekannteste Vertreter sind die Browser von Google, Microsoft und Mozilla. Auch Hilfsprogramme, die Grafiken verwalten und als Minibilder darstellen können, werden oft als Browser bezeichnet.

BUG

Englischer Begriff für Wanze, Ungeziefer. Gemeint ist hier ein Fehler, der bei der Arbeit mit dem Computer auftritt. Schuld daran kann sowohl → Hardware als auch → Software sein. Bugs treten gern auf, wenn man sowieso schlecht gelaunt ist.

Der Begriff Bug stammt noch aus der Zeit der Rechenmaschinen, die noch mit elektrischen Schaltern (= Relais) arbeiteten. Dort kam es hin und wieder vor, dass sich ein Insekt einklemmte und damit die ganze Anlage lahmlegen konnte. Oder irgendein Ungeziefer oder Nagetier machte sich über die Kabelverbindungen her. Vielleicht war die Wanze das erste Tier, das einen Computer zum Absturz gebracht hat. Ihr zu Ehren hießen Fehler von da an Bugs.

BUS

Eine Gruppe von Leitungen zum Übertragen von Daten. Wie bei einem echten Bus wird hier etwas hin und her transportiert. Der Datenbus ist für die Daten direkt verantwortlich, der Adressbus kümmert sich um die richtige Adresse im Speicher. Bekannteste Bus-Schnittstelle ist → USB.

BUTTON

Auf dem Bildschirm dargestellter Auswahl-Knopf, der sich mit der Maus anklicken oder mit dem Finger antippen lässt. Wird auch Schaltfläche genannt.

C

CACHE

Oft benötigte Daten werden nach dem ersten Laden in einem Speicherbereich im Arbeitsspeicher aufgehoben. Die müssen dann beim nächsten Mal nicht von der Festplatte geladen werden, sondern der Computer kann sie direkt aus diesem Speicherbereich, dem Cache, holen. Das geht natürlich sehr viel schneller als das Laden von der Festplatte.

CD, CD-LAUFWERK, CD-BRENNER

Eine CD ist eine silbrig, blau oder golden glänzende Scheibe, auf der allerlei gespeichert sein kann: beispielsweise Musik, Fotos, Anwendungen, Spiele. Natürlich auch alles miteinander gemischt. Mit dem CD-Laufwerk werden CDs abgespielt, mit dem CD-Brenner kann man eigene CDs herstellen.

CHAT

Die Möglichkeit, sich im Internet direkt über die Tastatur mit jemand anderem live zu unterhalten, die Antworten erscheinen auf dem Monitor.

CHEAT

Englischer Begriff für Mogeln, Schummeln. Gemeint sind damit geheime Tastenkombinationen oder Wörter, mit denen man in einem Spiel ohne besondere Leistung weiterkommt oder zusätzliche Spielmöglichkeiten erhält.

CHIP

Ein elektronischer Baustein im Computer. → Prozessoren sind Chips, genauso wie die Bausteine von → RAM und → ROM.

CLIENT

Computer in einem → Netzwerk, der von einem anderen Computer Daten übernimmt oder z.B. dessen Drucker benutzt (→ Server).

CMY

Die bunten Bilder eines Druckers werden aus den Grundfarben Türkis, Lila und Gelb (englisch Cyan-Magenta-Yellow) zusammengemischt → RGB.

COMPUTER

Außer dem »Ding«, mit dem du es die ganze Zeit zu tun hattest, ist damit das aktuelle Hauptsymbol von Windows gemeint. Wenn du auf das COMPUTER-Symbol doppelklickst, öffnest du damit ein Fenster, in dem dir alle Laufwerke deines PC angezeigt werden.

CONTROLLER

Elektronische Schaltung, die dafür sorgt, dass der Kontakt und die Datenübertragung zu den Laufwerken für Festplatten und CDs möglichst reibungslos funktionieren.

COOKIE

Wenn du im → Internet z.B. eine → Webseite bzw. → Homepage besuchst, speichert der Anbieter meist eine kleine Informationsdatei auf deiner Festplatte ab, Cookie genannt (zu Deutsch: Keks). Daran lässt sich beim nächsten Besuch derselben Website dein Computer wiedererkennen.

In der Regel sind Cookies harmlos. Weil so ein Keks aber auch missbraucht werden und daher für böse Überraschungen sorgen kann, gibt es in den meisten → Browsern eine Einstellung, die bei jedem Versuch, ein Cookie zu speichern, ein Alarmzeichen von sich gibt. Oft kann man sich die Daten eines Cookies auch anzeigen lassen.

CPU

Das ist eine Abkürzung für den Hauptprozessor: Central Processing Unit.

CRACKER

Das Gegenteil von → Hacker. Cracker versuchen, Sicherheitsschutz zu knacken und z.B. über Viren das System zu (zer)stören, haben also destruktive Absichten. Vor allem aus dem Internet kommen immer mehr Angriffe (auch auf deinen PC).

CURSOR

Ein Orientierungszeiger auf dem Bildschirm. Mal ist es ein einfacher Strich (Textcursor), mal ein kleiner Pfeil (Mauscursor), manchmal blinkend. Ein Cursor lässt sich mit den Pfeiltasten oder der Maus bewegen.

D

DATEI

Wenn man Daten zu einem Paket zusammenpackt, hat man eine Datei. Die lässt sich dann auf Festplatten oder USB-Sticks speichern. Es gibt sehr viele verschiedene Typen von Dateien. Die Kennung sagt dir, von welchem Typ eine Datei ist. (Das sind im Dateinamen die letzten drei Buchstaben hinter dem Punkt.)

DATEN

Texte, Bilder, Musik, Zahlen, all das sind Daten. Man kann auch sagen: Daten sind das Futter für den Computer. Wenn es keine Daten gibt, wozu brauchst du dann einen PC?

DATENBUS

Ein Leitungssystem zum Übertragen von Daten an Speicher und Zusatzgeräte (→ Bus).

DATENFERNÜBERTRAGUNG (DFÜ)

Wenn zwei Computer miteinander »telefonieren«, heißt das abgekürzt DFÜ oder Datenfernübertragung. Dazu gehören auch Fernverbindungen wie z.B. → Intranet und → Internet.

DATENSCHUTZ

Damit nicht jeder Daten beliebig ansehen oder sogar über seinen Computer auf die eigene Festplatte speichern kann, sind bestimmte Daten geschützt. Das kann z.B. ein → Kennwort sein, das man eingeben muss, ehe man an diese Daten herankommt. Auch eine Form von Datenschutz ist es, wenn du einen USB-Stick mit Daten, die andere nichts angehen, irgendwo einschließt.

DATENSICHERUNG

Das Herstellen einer Kopie, auch → Backup genannt. Bei wichtigen → Daten bzw. Dateien werden häufig gleich mehrere Kopien angefertigt und an verschiedenen Stellen gelagert.

DATENTRÄGER

Festplatten, SSDs, CDs, DVDs, USB-Sticks, Speicherkarten – alles, worauf sich Daten speichern lassen.

DATENTYP

Typ einer Datei, z.B. Dokument, Tabelle, Bild, Video, Musikstück.

DEFRAGMENTIERUNG

Durch ständiges Speichern und Kopieren von Dateien besteht die → Festplatte mit der Zeit aus lauter zerstückelten Dateien. Das nennt man Fragmentierung. Beim Öffnen einer Datei braucht der Computer immer länger, bis er alle Teile der Datei zusammengefügt hat. Bei der Defragmentierung werden alle Blöcke so lange auf der Festplatte hin und her geschoben, bis sämtliche Dateien wieder schön hintereinander gespeichert sind.

DEINSTALLATION

Willst du ein Programm wieder loswerden, müssen nicht nur die Dateien verschwinden, die zum Programm gehören. Auch Einträge unter Windows, Symbole und Ordner müssen wieder entfernt werden. Dafür sorgt ein gutes Deinstallationsprogramm.

DESKTOP

Die Arbeitsfläche unter Windows und Linux. Sozusagen der Schreibtisch auf dem Bildschirm.

DESKTOP-PC

Computer mit separatem Gehäuse und einem Mainboard, auf dem sich Elemente austauschen und ergänzen lassen. Auch zusätzliche Laufwerke finden dort Platz.

DEZIMALSYSTEM

Das Zahlensystem, mit dem du rechnest: Es benötigt die Ziffern von 0 bis 9.

DFÜ

Abkürzung für → **D**aten**f**ern**ü**bertragung.

DHCP

Protokoll für die (automatische) Zuweisung von → IP-Adressen. Abkürzung für Dynamic Host Configuration Protocol.

DIALOGFELD

Ein Fenster auf dem Bildschirm, in dem du meist mehrere Möglichkeiten zum Anklicken oder Eintippen hast. Zum Bestätigen oder Abbrechen gibt es jeweils einen Knopf, auf den du klicken kannst.

DIGITAL

Die Darstellung einer Änderung in Stufen ist digital. Messgeräte und Uhren mit Ziffernanzeige stellen etwas digital dar. Computer arbeiten nur mit digitalen Daten.

DISKETTE

Ein veralteter Datenträger mit bis zu 1,4 Megabyte Speicherplatz.

DISPLAY

Bei Taschenrechnern, Palmtops oder Notebooks nennt man die Anzeige auch Display (statt Bildschirm). Ein Display kann auch berührungsempfindlich sein (→ Touchscreen).

DNS

Abkürzung für Domain Name System. Damit wird eine Website mit einem verständlichen Namen verknüpft. So versteckt sich hinter der für uns unverständlichen → IP-Adresse 173.194.113.63 der bekannte Name www.google.de (Stand: Ende 2015).

DOMAIN, DOMÄNE

Der Teil einer → E-Mail-Adresse im → Internet, der auf den Klammeraffen (@) folgt. Meist die Bezeichnung für den Internet-Anbieter.

DOPPELKLICK

Wenn du zweimal schnell hintereinander auf die linke Maustaste drückst, dann war das ein Doppelklick.

DOS

Ein veraltetes Betriebssystem, unter dem noch viele ältere Spiele laufen. Deshalb bietet Windows ein DOS-Fenster an (auch Eingabeaufforderung oder Konsole genannt).

DOWNLOAD

Englischer Begriff für Herunterladen. Gemeint ist damit das Kopieren von Daten von einem anderen Computer in einem → Netzwerk wie z.B. dem → Internet.

DSL

Eine sehr schnelle Übertragungsmöglichkeit für Daten aus dem Internet (bzw. Daten ins Internet). Abkürzung für »Digital Subscriber Line«. Läuft über das Telefonnetz, alternativ gibt es das Netz der Anbieter von Kabelfernsehen.

DVB

Abkürzung für Digital Video Broadcasting, ein Standard für die digitale Übertragung von TV-Diensten (u.a. Fernsehen) über Antennen (DVB-T), Kabel (DVB-C) oder Satelliten (DVB-S).

DVD, DVD-LAUFWERK, DVD-BRENNER

Eine DVD ist sozusagen eine CD, auf der das Mehrfache an Platz ist, beispielsweise für Videos, Musik, Fotos, Anwendungen, Spiele. Natürlich auch alles miteinander gemischt. Mit dem DVD-Laufwerk werden DVDs (oder CDs) abgespielt, mit dem Brenner kann man eigene Scheiben herstellen.

E

EINGABEGERÄT

Ein Gerät, über das der Computer seine Daten annimmt, z.B. Tastatur, Maus, Joystick, Scanner, aber auch Datenträger.

E-BOOK

Ein elektronisches Buch ist eine Datei, deren Inhalt sich auf einem (großen) PC oder Tablet oder Smartphone lesen lässt. Oder du benutzt ein spezielles Lesegerät (E-Book-Reader).

E-MAIL

Mit der elektronischen Post schickst du deine Daten von einem zum anderen Computer über die Telefonleitung.

ENTWICKLUNGSUMGEBUNG

Ein Softwarepaket, mit dem sich u.a. Anwendungen und Spiele entwickeln und erweitern lassen.

ERWEITERUNGSKARTE

Ein anderes Wort für Steckkarte.

F

FAX, FAXGERÄT

Ähnlich wie mit einem Telefon kann man damit anderen Leuten etwas über das Telefonnetz mitteilen: Nur wird dabei nicht gesprochen, sondern es werden Briefe, andere Texte oder Bilder übertragen.

FENSTER

Eine Anzeigefläche, die sich in ihrer Größe ändern und auf dem Bildschirm verschieben lässt. Meistens werden darin Informationen über Inhalte von Datenträgern angezeigt.

FESTPLATTE

Eine Platte oder ein ganzer Stapel von Platten in einem dicht abgeschlossenen Gehäuse. Du hast Platz für jede Menge Daten, gemessen in Megabyte oder Gigabyte. Die Platte sitzt fest im Computer und die Daten werden magnetisch darauf gespeichert. Und nach dem Ausschalten des Computers bleiben sie da auch.

FINGERGESTEN

Bei → Touchscreens dienen die Finger (oder ein Stift) als Mausersatz. Das Tippen entspricht dem Mausklick, mit Swipen (Wischen mit einem Finger) werden Elemente bewegt, das Pinchen (Spreizen von zwei Fingern) dient zum Vergrößern oder Verkleinern.

FIREWALL

Ein Schutzsystem, um nur bestimmte ausgewählte Daten vom eigenen Computer ins → Netzwerk (z.B. → Internet) hinein- bzw. aus dem Netzwerk herauszulassen.

FIREWIRE

Eine → serielle Schnittstelle für Geräte, die eine sehr hohe Übertragungsgeschwindigkeit für ihre Daten benötigen (→ USB).

FLASH-SPEICHER

Ein Speicher, dessen Daten sowohl gelesen als auch geändert oder gelöscht werden können. Daten werden elektronisch gespeichert und bleiben auch ohne Stromzufuhr erhalten.

FLATRATE

Ein Pauschaltarif für das Telefonieren oder den Aufenthalt im Internet. Damit kannst du beliebig lange und oft telefonieren oder surfen oder downloaden.

FORMATIEREN

Damit wird dein Datenträger völlig leer geputzt und in Spuren und Sektoren bzw. andere Felder unterteilt. Jede Spur und jeder Sektor bekommt eine Adresse. So weiß der Computer genau, wo er eine bestimmte Datei suchen muss.

FREEWARE

So nennt man Software, die nichts kostet. Deshalb lassen sich davon auch keine Raubkopien anfertigen. Das Copyright bleibt allerdings beim Autor des Programms.

FREQUENZ

Ein Maß für die Taktrate im Computer, sozusagen der Pulsschlag. Während dir als Mensch eine Herzfrequenz von ein bis drei Schlägen pro Sekunde genügt, arbeitet ein Prozessor nur im Megahertz- oder gar schon Gigahertzbereich: 1 MHz = 1.000.000 Takte pro Sekunde, 1 GHz = 1.000 MHz.

FTP

Abkürzung für **F**ile **T**ransfer **P**rotocol. Ein Dienst für die Übertragung von Dateien (Software). Wird vor allem im → Internet genutzt.

G

GAMEPAD

Ein anderes Wort für → Joypad.

GIGABYTE, GBYTE, GB

Gigantische Bytemenge: Ein Gigabyte sind etwa 1 Milliarde Byte, GByte und GB sind die Abkürzungen.

GIGAHERTZ, GHZ

Eine Milliarde Hertz (oder 1.000 MHz).

GPS

Abkürzung für **G**lobal **P**ositioning **S**ystem, ein weltumspannendes Satellitensystem zur Navigation und zur exakten Zeit- und Positionsmessung.

GPU

Das ist eine Abkürzung für den Grafik-Prozessor: Graphics Processing Unit. Sie ist vor allem für die Ausgabe auf Monitoren und Displays zuständig, kann aber auch die → CPU direkt unterstützen.

GRAFIKKARTE

Eine Steckkarte, ohne die du auf dem Bildschirm nichts zu sehen bekommst. Die Grafikkarte bestimmt u.a. die Auflösung (mindestens 800 mal 600) und die Anzahl der Farben (bis zu 16 Millionen). Auch bei der Darstellung dreidimensionaler Grafik übernehmen die Prozessoren einer modernen Grafikkarte die meiste Arbeit vom Hauptprozessor.

GSM

Abkürzung für Global System for Mobile Communications, einem Mobilfunkstandard, Daten werden mit Geschwindigkeiten zwischen 2 und 6 KB pro Sekunde übertragen.

H

HACKER

Die Leute suchen Löcher in Sicherheitssystemen, spüren Passwörter auf. Im Gegensatz zum → Cracker machen Hacker darauf aufmerksam, veröffentlichen die Ergebnisse, um künftig diese Lücken schließen zu können. Auch die Computerindustrie hat ihre Qualitäten inzwischen erkannt und stellt Hacker (oder ehemalige Cracker) zu guten Gehältern ein, um Software und Netze sicherer zu machen.

HARDWARE

Alles, was du am Computer und den Geräten (Peripherie) anfassen kannst, ist Hardware: z.B. das Innere des PC, Festplatte, Laufwerke, Tastatur, Maus, Monitor, Drucker.

HAUPTPLATINE

Dort befinden sich unter anderem der Hauptprozessor, der Arbeitsspeicher und die Steckkarten. Die Hauptplatine wird auch Mainboard oder Motherboard genannt.

HAUPTPROZESSOR

Der Prozessor, der das meiste in deinem PC zu tun hat. Er arbeitet mit einigen Hundert Megahertz bis mehreren Gigahertz.

HDD

Abkürzung für Hard Disk Drive, ein anderes Wort für → Festplatte.

HDMI

Abkürzung für High Definition Multimedia Interface, einer Schnittstelle für die digitale Bild- und Ton-Übertragung. Daran können z.B. Monitore oder Fernsehgeräte angeschlossen werden.

HERTZ, HZ

Eine Maßeinheit für die Frequenz. Ein Hertz ist ein Takt oder eine Schwingung pro Sekunde.

HILFE, HILFEFENSTER, HILFETASTE

Für die allgemeine Hilfestellung gibt es unter Windows die Taste [F1], mit der du ein Hilfefenster öffnen kannst.

HOMEPAGE

Eine eigene Seite im → Internet bzw. → WWW. Zu erreichen ist sie über eine Adresse, die (fast) immer mit **http://** beginnt (→ HTTP).

HOTLINE

Eine telefonische Beratung, die die meisten Hersteller von → Hardware und → Software anbieten. Soll und will bei Problemen helfen. Viele Hotlines sind aber überlastet und kosten außer den Telefongebühren oft zusätzliches Geld.

HTML

Abkürzung für **H**ypertext **M**arkup **L**anguage. Zu Deutsch: Kennzeichnungssprache für → Hypertext. Eine Hilfssprache, um Seiten für das World Wide Web (→ WWW) zu schreiben und zu gestalten. HTML-Dateien haben meist die Kennung HTM.

HTTP

Abkürzung für **H**ypertext **T**ransfer **P**rotocol. Zu Deutsch: Übertragungsprotokoll für → Hypertext. Ein Dienst für die Übertragung von Seiten im → WWW.

HYPERLINK

Querverbindung zwischen verschiedenen Seiten in einem → Hypertext. Erkennbar ist ein Hyperlink an einem sogenannten aktivierbaren Text oder Bild. Man klickt oder tippt darauf wie auf einen Knopf (Schaltfläche) und wechselt damit in eine andere Seite oder eine andere Datei. Diese kann sich auf einer → Festplatte oder auf einem anderen Computer befinden, der über ein → Netzwerk erreichbar ist.

HYPERTEXT

Werden mehrere Dateien (z.B. Texte und Bilder) über → Hyperlinks zu einem System verknüpft, wird daraus ein Hypertext. Wird häufig auch in → Netzwerken wie → Intranet und → Internet eingesetzt, wo man über Querverbindungen zwischen den verschiedensten Informationen hin und her blättern kann.

I

INFORMATIK

Eigentlich die Wissenschaft von der Verarbeitung von Informationen. Auf Englisch auch Computer Science genannt. In der Schule werden unter dem Fach Informatik oft Informationen um den PC vermittelt und der Umgang mit einer Programmiersprache gelernt.

INSTALLATION

Bevor eine Anwendung oder ein Spiel überhaupt laufen kann, muss es für das Betriebssystem auf der Festplatte eingerichtet werden. Das nennt man Installation.

INTERFACE

Das englische Wort für Schnittstelle.

INTERNET

Ein riesiges Netz von Computern, über die ganze Erde verteilt. Du brauchst bloß außer deinem PC ein Modem und einen Netzwerkanschluss. Über das Telefonnetz kannst du ins Internet einsteigen und dort herumwandern (= surfen).

INTERNET PROVIDER

Auch Internet Service Provider (kurz: ISP). Anbieter von Internet-Diensten, über den man ins Internet kommt.

INTRANET

Ein → Netzwerk von Computern, das ähnlich wie das → Internet organisiert ist. Allerdings beschränkt sich das Intranet auf eine Firma bzw. eine Firmengruppe oder z.B. eine Behörde.

IOS

Betriebssystem von Apple für → Smartphones und → Tablets.

IP

Abkürzung für Internet Protocol. Jedes Gerät, das sich mit dem Internet verbindet, bekommt eine IP-Adresse zugewiesen. In einem Firmen- oder Familien-Netzwerk können das intern auch mehrere Adressen sein. So könnte deinem PC die aktuelle Adresse 222.000.137.191 zugeordnet sein. Einige Internet-Anbieter sorgen dafür, dass sich diese Adresse bei jedem erneuten Zugang ändert.

Weil es immer mehr Geräte gibt, gehen allmählich die verfügbaren IP-Adressen aus. Deshalb gibt es bereits einen neuen Standard, nach dem künftig Adressen verteilt werden sollen. Der alte heißt IPv4, der neue IPv6. Und so sähe eine passende Adresse aus: 2010:0dc9:76a1:0000:1ab0:0a2e:a37b:5311.

ISDN

Mit ISDN werden die Daten über den Telefonanschluss digital übertragen. ISDN ist erheblich schneller als der veraltete analoge Standardanschluss, aber deutlich langsamer als → DSL.

J

JOYPAD, JOYSTICK

Zwei Hilfsgeräte für die Spielesteuerung. Bei Spielkonsolen gibt es fast nur Joypads oder Gamepads, Joysticks sind gut für Autorennen und Actionspiele.

K

KAPAZITÄT

Das Fassungsvermögen bzw. der Platz auf einer Festplatte, CD, USB-Stick oder im Arbeitsspeicher.

KENNWORT

Sind Programme oder Zugänge zum → Betriebssystem oder einem → Netzwerk durch ein Kennwort geschützt, kann man sie nur benutzen, wenn man dieses kennt (→ Account).

KEYLOGGER

Eine (versteckte) App, die Eingaben über die Tastatur und den aktuellen Display-Inhalt aufzeichnen und über das Internet verschicken kann. Damit lassen sich Daten ausspionieren, z.B. Kennwörter für E-Mail-Adressen oder Zugangsdaten fürs Online-Banking.

KILOBYTE, KBYTE, KB

Ungefähr tausend Byte sind ein Kilobyte (ganz genau sind es 1.024).

KLICKEN

So nennt man das Drücken auf eine Maustaste.

KNOPF

Etwas zum Daraufklicken. Damit kannst du z.B. etwas bestätigen oder abbrechen. Oder du startest damit ein bestimmtes Programm. Ein anderer Name ist Schaltfläche.

KOMPRESSION

Das Unterbringen von Daten in weniger Speicherplatz (Zusammenpacken). Grundsätzlich gibt es zwei Methoden: Entweder es wird alles so komprimiert, dass das Original verlustfrei wiederhergestellt werden kann. Beispiel dafür ist das ZIP-Format.

Die andere Methode nimmt Qualitätsverluste in Kauf, weil beim Komprimieren alles weggelassen wird, was dem Verfahren als »unwichtig« erscheint. Dafür wird die Kompression besonders wirkungsvoll: Die Daten brauchen deutlich weniger Platz als normal komprimierte. Diese Methode wird häufig bei großem Bild- und Musikmaterial sowie bei Videos eingesetzt (JPG, MP3, DivX).

KONTEXTMENÜ

Ein Menü, das du mit Klick auf die rechte Maustaste oder Drücken mit dem Finger öffnen kannst. Die Einträge passen meist zu dem, was du gerade in einem Programm tust.

L

LAN

Abkürzung für Local Area Network, zu Deutsch: Lokales → Netzwerk. Ein solches Netzwerk besteht aus Computern und anderen Geräten, die alle miteinander nur innerhalb eines bestimmten Bereichs verkabelt, also nicht öffentlich sind. Beispiele sind Netzwerke in Banken und Firmen, z.T. auch in Stadtverwaltungen, Schulen und Universitäten.

LAPTOP, LAPTOP-PC

Ein Computer zum Mitnehmen oder Herumtragen. Oben im Deckel ist das Display, unten auf dem eigentlichen Computergehäuse sind die Tastatur und ein Mausersatz fest eingebaut. Es gibt nur wenige Erweiterungsmöglichkeiten.

LAUFWERK

Entweder du steckst eine Scheibe (CD/DVD/BD) hinein oder die Scheiben sind schon fest eingebaut (Festplatte). Umdrehungszahlen bis viele Tausend pro Minute.

LEVEL

Bedienungsgrad bzw. Schwierigkeitsgrad in einem Programm. Bei Spielen ist damit die Spielstufe gemeint: Je weiter man im Spiel kommt, desto höher wird der Level.

LINK

Englischer Begriff für Verbindung, Verknüpfung. Damit kann die Verbindung zwischen Computern bzw. anderen Geräten gemeint sein. Oder der Verweis in einer auf eine andere Datei (z.B. in Tabellen). Oder es handelt sich um einen → Hyperlink.

LINUX

Freies Betriebssystem, das auf vielen PCs als Alternative zu → Windows benutzt wird. Linux gibt es kostenlos oder zusammen mit viel zusätzlicher Software für wenig Geld.

LOG IN, LOG ON, LOG OFF

Einklinken, Anmelden oder Abmelden in einem Programm oder einem → Netzwerk. Oft ist dazu ein → Kennwort nötig. Man spricht auch von Einloggen und Ausloggen.

LTE

Abkürzung für Long Term Evolution, einem Mobilfunkstandard, bei dem Daten mit Geschwindigkeiten von mehreren MB pro Sekunde übertragen werden können.

M

MAINBOARD, MOTHERBOARD

Englische Bezeichnungen für die Hauptplatine.

MAUS, MAUSKLICK, MAUSZEIGER

Mit der Maus kannst du einen kleinen Mauszeiger über den Bildschirm jagen. Du kannst mit der Maus auch auf Symbole, Menüeinträge oder Knöpfe klicken. Ein Druck auf eine Maustaste nennt man Mausklick.

MEGABYTE, MBYTE, MB

Das sind etwa 1 Million Byte. (Ganz genau sind es 1.024 Kilobyte oder 1.048.576 Byte.)

MEGAHERTZ, MHZ

Eine Million Hertz (diesmal genau 1.000.000).

MENÜ, MENÜLEISTE

Eine Liste von Anweisungen, die Windows oder ein Programm anbietet. Mit einem Klick oder Tipp auf DATEI und dann auf SPEICHERN kannst du z.B. deine Daten auf einen Datenträger sichern.

MIDI

Abkürzung für Musical Instrument Digital Interface. Ein Standard für die Verbindung zwischen einem Computer und einem Musikinstrument (z.B. Synthesizer). Damit lassen sich Musikdaten direkt in den Computer laden und dort weiterbearbeiten. Außerdem kann man vom Computer aus Musikinstrumente steuern. Viele → Soundkarten haben eine → Schnittstelle für MIDI.

MIME

Abkürzung für Multipurpose Internet Mail Extensions. Ein Standard für → E-Mails im → Internet. Damit lassen sich nicht nur reine Texte per E-Mail verschicken, sondern auch Multimedia-Dateien oder Programme.

MODEM

Damit verbindest du deinen PC mit dem Telefonnetz. Nun lassen sich Daten mit fast jedem beliebigen anderen Computer auf der ganzen Welt austauschen, wenn der ebenfalls ans Telefonnetz angeschlossen ist.

MULTIMEDIA

Die Kombination von Texten, Bildern, Filmen oder Tönen nennt man Multimedia.

MULTITASKING

Damit ist es möglich, dass gleichzeitig mehrere Anwendungen laufen: Wenn du z.B. einen Text schreibst und ein Bild malen willst, kannst du direkt zum Grafikprogramm hinüberwechseln, ohne das Textprogramm erst zu beenden.

N

NETZWERK

Werden Computer miteinander verbunden, ist das ein Netzwerk. Das können nur zwei PCs sein oder bis zu Millionen auf der ganzen Welt.

NFC

Abkürzung für **N**ear **F**ield **C**ommunication, eine Funktechnik für kurze Entfernungen. Smartphones mit NFC-Chip ermöglichen bargeldloses Bezahlen, man hält es einfach nach dem Einkauf an einen Sensor an der Kasse.

NOTEBOOK

Ein anderer Begriff für Laptop. Bei einem Mini- oder Ultra-Notebook müssen Laufwerke z.B. CDs oder DVDs außen angeschlossen werden, weil sie nicht mehr ins Gehäuse passen.

O

OFFICE-SOFTWARE

Eine Sammlung von Anwendungen für Textverarbeitung, Tabellenkalkulation und oft noch für andere Bereiche wie z.B. eine Datenbank und Management/Organisations-Software.

OFFLINE, ONLINE

Ein Gerät ist offline, wenn es ausgeschaltet bzw. die Verbindung nicht aktiv ist. Auch im Telefonnetz bedeutet das die Unterbrechung einer Verbindung. Ein Gerät oder eine andere Verbindung zum Computer (z.B. Telefonnetz) ist online, wenn Daten übertragen werden (können). So ist z.B. der Drucker online, wenn er zum Drucken bereit ist. Und beim → Internet ist man online, wenn man sich dort eingeklinkt hat.

ONLINE-DIENST

Ein → Netzwerk, dessen Dienste man bei Zahlung einer monatlichen Grundgebühr in Anspruch nehmen kann. Alle Online-Dienste stellen eine Vielfalt an eigenen Datenquellen zur Verfügung. Außerdem bieten sie einen Zugang zum → Internet.

ORDNER

Eine Art Behälter des Betriebssystems, in dem du alle Dateien ablegen kannst, die zusammengehören. So bleibt alles in Ordnung. Ordner können sogar wieder Ordner enthalten.

OS X

Betriebssystem von Apple nur für Computer (Mac) von Apple.

P

PALMTOP

Ein kleiner Computer, den du leicht mit der einen Hand halten und mit der anderen bedienen kannst. Allerdings kann ein Palmtop nicht so viel wie ein echter PC oder ein Notebook. Daraus haben sich die heutigen → Smartphones entwickelt.

PAPIERKORB

Ein Ordner unter Windows, in den du Dateien schieben kannst, die du nicht mehr brauchst. Hast du's dir anders überlegt, lassen sich diese Dateien auch wieder aus dem Papierkorb herausholen. Den Papierkorb leeren heißt, alle Dateien darin zu löschen.

PARALLELE SCHNITTSTELLE

Eine Schnittstelle, über die Datenelemente parallel übertragen werden (können). Früher gab es solche Schnittstellen z.B. für Drucker.

PASSWORT, PASSWORD

→ Kennwort

PATCH

Weil sich bei so manchem Programm Fehler erst herausstellen, wenn das Programm bereits eine Weile verkauft wird, liefern die Hersteller oft Dateien nach, die man zum Programm hinzuladen kann. Das Programm wird dann an der Fehlerstelle geändert. So etwas nennt man ein Patch.

Eine andere Art von Patches (Mehrzahl von Patch) ist die Änderung bei Spielen: Dadurch macht man z.B. ein Fahrzeug schneller oder man verleiht einer Hauptfigur unendlich viele Leben im Spiel.

PC, PERSONAL COMPUTER

Der am meisten verbreitete Computertyp. Normalerweise sind damit Desktops und Laptops gemeint, man kann das Kürzel auch für Computer im Allgemeinen benutzen.

PCI

Ein schneller Datenbus für Steckkarten.

PEER-TO-PEER-NETZWERK

Ein → Netzwerk, in dem alle angeschlossenen Computersysteme gleichrangig sind (→ Client, → Server).

PERIPHERIE

Das ganze Gerätezeug, das du an deinen PC anschließen kannst, z.B. Tastatur, Monitor, Maus, Drucker.

PHP

Abkürzung für »PHP: Hypertext Preprocessor«. Eine verbreitete Sprache zum Erstellen von Webseiten und Webanwendungen. Dabei wird die Einbindung von Datenbanken unterstützt.

PIXEL

Kürzel von Picture Element. Einer von den vielen, vielen Punkten, aus denen sich ein Bild z.B. auf dem Bildschirm oder auf Druckpapier zusammensetzt.

PLUG & PLAY (PNP)

→ Steckkarten oder Geräte, für die mit dieser Bezeichnung geworben wird, sollen sich einfach einstecken bzw. anschließen lassen (Plug) und dann sofort funktionieren. Das heißt, dass sie nach dem Einschalten des Computers automatisch richtig eingestellt werden und der Benutzer sofort damit arbeiten kann, sozusagen spielend leicht (Play).

PREPAID

Ein System, bei dem man im Voraus Geld bezahlt und damit ein Guthaben z.B. zum Telefonieren mit dem Smartphone hat.

PROGRAMM

Software, die aus unzähligen Anweisungen besteht, die der Computer ausführen muss. Programme werden von schlauen Programmierern in einer Programmiersprache abgefasst und dann von anderen Programmen für den Computer in dessen Sprache übersetzt.

PROGRAMMIERSPRACHE

Weil der Computer deine Sprache nicht versteht, brauchst du eine Entwicklungsumgebung, wenn du eine Anwendung oder ein Spiel selber programmieren willst. Die Entwicklungsumgebung bietet dir eine Programmiersprache, die Wörter aus der englischen Sprache nutzt. Nach dem Programmieren wird dein Programm in die Sprache des Computers übersetzt. Beispiel für solche Sprachen sind C#, Java, PHP.

PROZESSOR

Das ist sozusagen das Herz oder Gehirn des Computers: Der Hauptprozessor kontrolliert fast alles, was in deinem PC so abgeht. Hilfe bekommt er von anderen Prozessoren (z.B. Grafikprozessor).

PUBLIC DOMAIN (PD)

Total kostenlose Software.

R

RAM

Anderer Name für den Arbeitsspeicher deines PC: Daten können gespeichert und gelesen, geändert und gelöscht werden. Beim Ausschalten des Computers sind alle Daten verloren.

RAUBKOPIE

Wird von einem Original eine unerlaubte Kopie angefertigt und weitergegeben, dann ist es eine Raubkopie. Viren nisten sich gern in Raubkopien ein.

RGB

Die bunten Bilder auf einem Display oder einem Monitor werden aus den Grundfarben Rot, Grün und Blau (englisch Red-Green-Blue) zusammengemischt → CMY.

ROM

Ein Festwertspeicher. Daten können nur gelesen, nicht jedoch geändert oder gar gelöscht werden. Beim Ausschalten des Computers bleiben die Daten erhalten.

ROUTER

Verbindet mehrere Computer ähnlich wie ein Server. Allerdings handelt es sich dabei nicht um einen echten Server, sondern nur um ein reines Vermittlungsgerät. Router haben oft eine eingebaute → Firewall.

S

SATA

Eine sehr schnelle Schnittstelle, die vor allem für Laufwerke wie → Festplatten und → SSDs gedacht ist.

SCANNER

Damit kannst du gedruckte oder gemalte Bilder oder Schriftstücke in den Computer einlesen. Die Daten können dort weiterverarbeitet werden und lassen sich auch wieder ausdrucken.

SCHALTFLÄCHE

Ein anderes Wort für (Schalt-)Knopf (englisch auch Button).

SCHNITTSTELLE

Eine Verbindungsstelle, über die der Computer Kontakt mit anderen Geräten (auch Computern) aufnimmt. Auch im Computer selbst gibt es Schnittstellen für die Verbindung der Computerteile (z.B. Festplatten, Steckkarten).

SEKTOR, SPUR

Magnetscheiben (Disketten, Festplatten) werden beim Formatieren in Spuren und Sektoren unterteilt, damit dort Daten untergebracht und wieder gefunden werden können.

SERIELLE SCHNITTSTELLE

Schnittstelle, über die Datenelemente hintereinander übertragen werden. Sehr universell und auch seriell ist → USB.

SERVER

Ein zentraler Computer in einem → Netzwerk, der die anderen Computer bedient. So ermöglicht der Server z.B. den gemeinsamen Zugriff auf angeschlossene Geräte wie Drucker (→ Client). Ein anderer Begriff für den Server ist Host.

SETUP

So heißt meistens das Installationsprogramm für eine neu erworbene Anwendung oder ein neu gekauftes Spiel. Aber es gibt noch ein anderes Setup: Im BIOS-Setup sind wichtige Einstellungen für den Computer untergebracht.

SHAREWARE

Software, die wenig kostet. Erst mal zum kostenlosen Testen. Wenn du die Vollversion willst, musst du dem Autor eine Lizenzgebühr überweisen.

SICHERHEITSKOPIE

Die Kopie einer Datei zum Aufheben, falls das Original mal hinüber ist. Englisch: Backup.

SLOT

Das englische Wort für Steckplatz.

SMARTPHONE

Mini-Computer, eine Art Palmtop-PC, mit dem man außerdem telefonieren und fotografieren kann. Meistens mit einem berührungsempfindlichen Display und/oder einer Minitastatur ausgestattet. Das Betriebssystem kann mit den Fingern oder einem Stift gesteuert werden.

SMS

Abkürzung für Short Message Service, einem Dienst für die Übertragung von kurzen Textnachrichten. Diese Nachrichten werden inzwischen ebenfalls SMS genannt. (Eine SMS schicken kann man auch als »Simsen« bezeichnen.)

SOFTWARE

Im Gegensatz zur → Hardware lässt sich das Zeug nicht anfassen: Anwendungen, Spiele, Treiber sind Software.

SOUNDKARTE

Eine Steckkarte, die für den richtigen Sound in deinem PC sorgt.

SPAM

Unerwünschte E-Mails (auch Junk-Mails genannt). Das können harmlose, aber nervige Werbe-Mails sein, aber auch Mails mit versteckten Schadprogrammen.

SPEICHERKARTE

→ Flash-Speicher in verschiedenen Formaten, z.B. als größere CF-Card oder kleinere SD-Card. Die Speicherkapazität beträgt bis zu vielen GB.

SPIELKONSOLE

Nur zum Spielen. Spielkonsolen sind schneller als so mancher andere Computer, können aber nicht annähernd so viel wie ein PC. Kleine Spielkonsolen für die Hand haben ein eigenes Display, die größeren werden an einen Fernseher angeschlossen.

SQL

Abkürzung für Structured Query Language, eine Abfragesprache für Datenbanksysteme.

SSD

Abkürzung für Solid State Drive, Datenspeicher, die ohne Laufwerk auskommen, weil sie aus → Flash-Speichern bestehen. Diese Datenträger sind deutlich schneller als → Festplatten.

STECKKARTE, STECKPLATZ

Mit einer Steckkarte kannst du deinem PC neue oder bessere Fähigkeiten verleihen (z.B. neuere Grafikkarte oder Soundkarte). Für Steckkarten gibt es einige Steckplätze auf der Hauptplatine.

SUCHMASCHINE

Ein Hilfsprogramm, das mit verschiedenen wirkungsvollen Suchtechniken im → World Wide Web (WWW) gezielt nach bestimmten Themen oder Begriffen sucht und die Ergebnisse dann geordnet anzeigt. Meist lassen sich mehrere Suchbedingungen verknüpfen. Beispiele sind **Google**, **Bing** und **Yahoo**.

SURFEN

Durch ein → Netzwerk wie z.B. das → Internet wandern, sich Informationen anschauen und Daten herunterladen.

T

TABLET, TABLET-PC

Ein → Laptop-PC, dessen Bildschirm im Gehäusedeckel berührungsempfindlich ist (→ Touchscreen), wird Tablet-PC genannt. Fehlt die Tastatur und ist der Bildschirm (das Display) auf dem eigentlichen Computergehäuse eingebaut, spricht man nur von Tablet.

TASK

Abarbeitung eines Programms durch das → Betriebssystem. Können unter einem Betriebssystem mehrere Programme gleichzeitig laufen, spricht man von → Multitasking.

TASKLEISTE

Eine Leiste an Bildschirmrand, über die du zwischen verschiedenen Programmen umschalten kannst. Über einen Start-Knopf lassen sich von dort aus auch Programme neu starten.

TCP/IP

Abkürzung für Transmission Control Protocol/Internet Protocol. Ein Netzwerkprotokoll, das im → Internet Standard ist. Das TCP verschnürt Daten zu Päckchen und das IP übernimmt den Transport im Internet (oder einem anderen → Netzwerk).

TOUCHPAD

Eine kleine rechteckige berührungsempfindliche Fläche unter der Tastatur dient bei → Laptops (Notebooks) als Mausersatz. Mit dem Finger steuert man den Mauszeiger.

TOUCHSCREEN

Ein berührungsempfindlicher Bildschirm (vor allem bei → Tablets und → Smartphones). Mit dem Finger kann man über Gesten wie Tippen, Wischen und Spreizen u.a. Programme starten, Daten kopieren, verschieben oder löschen.

TREIBER

Ein Hilfsprogramm, das wie ein Dolmetscher arbeitet: Ein Grafiktreiber sorgt dafür, dass die Daten der Grafikkarte auf dem Bildschirm sichtbar werden, ein Tastaturtreiber kümmert sich darum, dass deine Tastendrücke vom Computer richtig erkannt werden. Englisch: Driver.

TROJANER

Programm, das sich als nützliche Anwendung (App) tarnt. Während du diese benutzt, kann sie im Hintergrund heimlich dein Notebook, Tablet oder Smartphone ausspionieren und deine Daten weiterleiten. (Trojaner können z.B. als E-Mail-Anhang verschickt werden.)

U

UEFI

Abkürzung für Unified Extensible Firmware Interface, eine Erweiterung des (inzwischen recht veralteten) → BIOS.

UMTS

Abkürzung für Universal Mobile Telecommunications System, einem Mobilfunkstandard, bei dem Daten mit Geschwindigkeiten zwischen 50 und 1.000 KB pro Sekunde übertragen werden.

UPLOAD

Englischer Begriff für Heraufladen. Gemeint ist damit, einem anderen Computer in einem → Netzwerk Daten zu schicken (→ Download).

USB

Abkürzung für Universal Serial Bus, einer Schnittstelle, die für alle Arten von externen Geräten wie z.B. Scanner, Digitalkameras, aber auch Mäuse, Tastaturen gedacht ist. Moderne → Mainboards haben mehrere USB-Anschlüsse. Diese Schnittstelle ersetzt inzwischen die meisten anderen.

USB-STICK

→ Flash-Speicher in einem Gehäuse, das sich in den USB-Anschluss einstecken lässt. Die Speicherkapazität beträgt bis zu vielen GB.

UTILITIES

Unter diesem Begriff werden alle Programme zusammengefasst, die kleine Hilfsmittel sind: Entweder ergänzen sie die Fähigkeiten des Betriebssystems oder sie verbessern die Möglichkeiten von Anwendungen. Anderer Begriff ist Tools.

V

VIREN, VIRENKILLER/-SCANNER

Diese Dinger sind Programme, die nur Schaden anrichten können. Sie heißen so, weil sie ähnlich auftreten wie ein Virus z.B. bei einer Grippe. Plötzlich erwischt es dich und du liegst auf der Nase. Genau so geht es deinem PC, seiner Festplatte oder irgendwelchen Programmen darauf. Wenn du viel Pech hast, muss dein PC komplett neu eingerichtet werden. Es gibt aber eine Art Impfstoff gegen die meisten Viren: Virenscanner oder Virenkiller erkennen Viren und machen ihnen den Garaus.

VOIP

Abkürzung für **V**oice **O**ver **IP**. Viele sogenannte Festnetz-Telefonate werden als Datenpakete über das Internet geleitet. Internettelefonie wird immer mehr zur direkten Konkurrenz der Telefonie übers Festnetz.

VPN

Abkürzung für **V**irtual **P**rivate **N**etwork. Ein solches Netzwerk lässt sich verschlüsseln, damit kannst du deine Daten im Internet sozusagen geheim transportieren. Im Idealfall bekommen weder der → Internet-Provider noch ein Geheimdienst davon etwas mit.

W

WAN

Abkürzung für **W**ide **A**rea **N**etwork. Ein → Netzwerk, das weit verzweigt sein kann, wie z.B. ein → Online-Dienst. Beim → Internet könnte man sogar von einem Super-WAN sprechen, weil es über die ganze Welt verbreitet ist.

WLAN

Drahtloses Funknetzwerk (auch Wireless → LAN), über das man ohne Kabelverbindung z.B. ins Internet kommt. Reichweite bis mehrere Hundert Meter.

WEB, WWW, WORLD WIDE WEB

Ein weltweites Netz aus lauter Anzeigeseiten mit Text, Bildern und Querverweisen (Hyperlinks) auf andere Seiten. Du kannst sie dir anschauen, und oft gibt es auch

Software zum Herunterladen auf die Festplatte deines PC. Aber dabei kann man sich leicht auch mal ein Virus einfangen!

WEBSEITE, WEBSITE

Eine Grundeinheit im → World Wide Web. Das ganze → WWW ist aus lauter Webseiten gewebt, die miteinander verknüpft sind. Eine Webpage kann einfach nur Text, aber auch Bilder, Töne und Videos enthalten.

WECHSELPLATTE

Funktioniert wie eine Festplatte, aber du kannst sie aus dem Gehäuse herausnehmen und gegen eine andere Platte austauschen. Diese Scheiben sind inzwischen veraltet, heute nutzt man vorwiegend externe Festplatten oder Speicherkarten.

WINDOWS

Betriebssystem von Microsoft für alle Arten von Computern, also auch → Tablets und → Smartphones. Wenn du einen Desktop- oder Laptop-PC neu kaufst, ist fast immer Windows mit dabei.

WWW

World Wide Web = Internet

WWAN

Drahtloses Funknetzwerk (auch Wireless → WAN), über das man z.B. ins Internet kommt. Verbindung über Satelliten und Funktürme, Reichweite bis zu vielen Tausend Kilometern.

#

XML, XAML

Abkürzung für eXtensible Markup (Application) Language. Zu Deutsch: Erweiterbare Kennzeichnungssprache (→ HTML). Eine Hilfssprache, um Daten zu strukturieren. Wird inzwischen als Dateityp für Office-Dokumente verwendet. XAML ist eine Erweiterung für den Einsatz in Programmier-Systemen.

Z

ZOLL

Ein englisches Maß, das auch im Computerbereich noch häufig benutzt wird: 1 Zoll sind etwa 2,54 cm.

ZWISCHENABLAGE

Du kannst in fast jeder Anwendung etwas ausschneiden und in einem Speicherbereich zwischenlagern. In derselben oder einer anderen Anwendung kannst du dann den Inhalt dieser Zwischenablage wieder einfügen. Dazu gibt es entsprechende Einträge im Menü BEARBEITEN oder in den Kontextmenüs.

STICHWORTVERZEICHNIS

A

Absatz 60
Absturz 208
Account 208
Actiongame 193
Adventure 193
AMD 156
Analog 90
Android 40, 44
Antivirenprogramm 130
Anwendung 178
App 36, 178
App Store 182
Apple 39, 44
Applet 209
Application 36
Applikation 178, 209
Arbeitsplatz 36
Arbeitsspeicher 157
Auflösung 164
Ausdrucken 72
Ausgabe 19, 74
Ausschalten 46
Ausschneiden 77
    mit Tasten 82
Auswahlfeld 55, 71

B

Backup 117, 210
Basissystem 158
BD 104
BD-ROM 104
Beenden
    Programme 83
    Windows 45
Betriebssystem 21, 38
Bildlaufleiste 101
Bildmaße 164
Bildschirm 19
Bildschirmtastatur 53
Bildverarbeitung 187
Binärsystem 74, 89
BIOS 39, 158, 211
BIOS-Setup
    ansehen 159
Bit 90
Bluetooth 165, 211
Blu-ray 104
Blu-ray-Brenner 104
bmp 70
Brenner 104
Browser 198, 211
Bug 212
Bus 212
Byte 89, 211

C

Cache 212
CD 103
CD/DVD-Brenner 104
CD-R 105
CD-Rohling 105
CD-ROM 104
CD-RW 105
Chat 213
Chatten 200
Cheat 213
Chip 155, 213
Chipsatz 156
Cloud 106
    anmelden 108
    Vor- und Nachteile 107
CMOS 160
Computer 16
Cookie 213
Cortana 146
CPU 156, 214
Cursor 24, 53

Cursortaste 60
Cut & Paste 76

D

Datei 68
    drucken 72
    kopieren 116
    löschen 124
    Neu 68
    öffnen 70
    speichern 62
    suchen 64, 143
    umbenennen 143
    verschieben 120
    wiederherstellen 127
Dateiformat 68
Dateikennung 69
Dateiname 63, 70
Dateityp 68
Daten 16, 56, 214
    synchronisieren 197
Datenbank 190
Datenfeld 191
Datensatz 190
Datenschutz 149
Datenträger 89, 215
    Kennzeichnung 95
Datenträgerfenster 93
Datenverarbeitungsanlage 16
Defragmentierung 98
Deinstallation 186
Demo 182
Desktop 22, 216
Desktop-PC 18
Dezimalsystem 74
Dialogfeld 55
Diascanner 170
Digital 90
Digitizer 172
Display 19, 216
Doppelklick 26, 217
Download 200, 217
dpi 169
Driver 75
Dropbox 107
Druck
    abbrechen 73

Drucker 169
DSL 217
Dualsystem 74
DVA 16
DVD 104
DVD-R 105
DVD-ROM 104
DVD-RW 105

E

Editor 50
Einfügen 79
    mit Tasten 82
Eingabe 19, 74
Eingabetaste 28, 59
Eingabezeile 55
E-Mail 199, 218
Energierspar-Modus 46
Entertaste 28, 59
Entferntaste 58
Entwicklungsumgebung 178
Erweiterungskarte 163
Esc-Taste 60
EVA-Prinzip 19

F

Farbe 164
Faxgerät 170
Fehler 59
    Rückgängig 78
Fenster
    Größe 41
    Größe ändern 100
    in den Vordergrund bringen 98
    schließen 40
    verschieben 99
Festplatte 88
Festplatten-Fenster 95
Feststelltaste 57
Filmscanner 170
Finden
    Datei 143
Finger
    Spreizen 44
    Tippen 43
    Wischen 44

STICHWORTVERZEICHNIS

Firewall 130
Flachbettscanner 170
Flash-Speicher 92, 219
Flatrate 168, 219
Formatieren 219
Fragmentierung 97
Freeware 182
Frequenz 156, 219

G

Gameboy 173
Gamepad 172
GAN 166
GB 89
Genre
    Spiele 193
Giga 90
Gigabyte 89
Google 44, 107
GPU 220
Grafik 187
Grafikkarte 163, 220
Grafiktablett 172
Groove-Musik 192
Größe ändern
    Fenster 100

H

Handscanner 170
Hard Disk Drive 92
Hardware 153
Hauptordner 139
Hauptplatine 155
Hauptprozessor 156
Hauptspeicher 158
Hertz 156, 222
Hilfe 55, 205
Hilfetaste 61
Homepage 222
Hotspot 167
HTML 222
HTTP 222
Hyperlink 198
Hz 156

I

IBM 17
Intel 156
Interface 162
Internet 197, 223
iOS 40
ISDN 224

J

Joypad 172, 224
Joystick 171, 224
Jump&Run 193

K

Kapazität 89
KB 89
Kennung 69, 136
Kennwort 21
Keyboard 19
Keylogger 224
Kilobyte 89
Klicken
    mit der Maus 26
Kompression 225
Kontext
    Datei kopieren 118
    Datei verschieben 123
Kontextmenü 28
Kopieren 81
    Datei 116
    mit Tasten 82
Kopiergerät 170

L

Laden 70
    Daten 89
LAN 165, 225
Laptop 225
Laptop-PC 18
Laserdrucker 169
Laufwerk 89
    Kennzeichnung 95
Leertaste 57
Lernsoftware 192

Link 226
Linux 39
Löschen
    Datei 124
Löschtaste 58

M

Mainboard 155
Mainframe 174
Markieren
    mit der Maus 77
    mit Tasten 76
    Symbol 26
Maus 24
    optische 25
    Scrollrad 26
    zeigen 25
    ziehen 30
Mauscursor 24
Mausklick 26
    rechts 28
Mauspad 31
Mausrad 31
Maustaste 26
Mausunterlage 31
Mauszeiger 24
MB 89
Media Player 192
Mega 90
Megabyte 89
Menü 54
Menüleiste 54
Microsoft 39
Modem 227
Monitor 19
Motherboard 155
Multifunktionsgerät 170
Multimedia 192, 227
Multisession 105
Multitasking 227

N

Netzwerk 228
Neue Datei 68
Neuer Name 143

Neuer Ordner 134
Notebook 20, 228

O

Office 191, 228
Öffnen 70
OneDrive 106
Online-Banking 201
Online-Lexikon 198
Online-Shopping 200
Open Source 182
Ordner 134
    im Ordner 138
    Name 135
    Neu 134
    Symbol 135
    umbenennen 143
Ordnerfenster 137

P

Palmtop 229
Pannenhilfe 205
Papierkorb 125
    leeren 128
Papierkorb-Fenster 126
Partition 91
Password 21
Patch 229
PC 16, 154
PD 182
Peripherie 169, 230
Personal Computer 16
Pfeiltaste 60
PHP 230
PIN 201
Pinchen 45
Pixel 164
Pixelgrafik 188
Playstation 173
Programm 178, 231
    beenden 83
    starten 50
Programmfenster 54
Programmiersprache 180
Programmiersystem 178

STICHWORTVERZEICHNIS

Prozessor 155
Public Domain 182

Q

Qualcomm 156
Quelle 129
Quellfenster 129

R

RAM 158, 231
Raubkopie 183
Rechenmaschine 16
Register 157
Registrierter Anwender 182
Rollenspiel 193
Rollkugel 25
ROM 158, 232
Router 167
Rückgängig 78
Rücktaste 58
Ruhezustand 46

S

Scanner 170, 232
Schaltfläche 56
Schiebebalken 102
Schnittstelle 162, 232
Schreibmarke 53
Scroll 31
Scrollbar 101
Scrollrad 26
Sektor 97
Server 233
Setup 159, 233
Setup-Programm 185
Shareware 182
Shift und Symbol 122
Sicherheitskopie 117
SIM 168
Simulation 193
Slot 162
Smartphone 43
Software 153, 177
Solid State Drive 92

Soundkarte 233
Spalte 189
Spam 234
Speichermedium 89
Speichern 62
    Daten 88
Speicherplatz 89
Spiel 193
Spielkonsole 173
Sprachassistent 147
Spur 96
SQL 234
SSD 92
Standby-Modus 46
Starten
    Computer 20
    Programm 50
    Windows 21
Start-Menü 34
Startmenü 34
Start-Symbol 46
Steckkarte 162, 234
Steckplatz 162, 234
Steuergerät 171
Strategiespiel 193
Strg und Symbol 122
Suchen
    Datei 143
Suchfeld 55
Suchmaschine 198
Surfen 198
Swipen 44
Symbol
    markieren 26
    Ordner 135
Synchronisieren 197

T

Tabelle
    Zellen 189
Tabellenkalkulation 189
Tablet 20, 43, 235
TAN 201
Taschenrechner 173
Task 36
Taskleiste 36

Tastatur 19, 56
TB 89
TCP/IP 235
Tera 90
Terabyte 89
Text
    ausschneiden 77
    einfügen 79
    kopieren 81
    markieren 76
    öffnen 70
    speichern 62
Textcursor 53
    setzen 60
Textfeld 53
Textverarbeitung 186
Tintenstrahldrucker 169
Tippen
    mit dem Finger 43
Titelleiste 54
Tool 178
Touchpad 42
Touchscreen 24, 42
Treiber 75
txt 70

U

Umbenennen 143
Umschalttaste 57
Unterordner 139
Upload 236
USB 161, 236
USB-Stick 93
Utility 178

V

Vektorgrafik 188
Verarbeitung 19
Verschieben
    Datei 120
    Fenster 99
Virenkiller 130

Virenscanner 130
Virenschutzprogramm 130
Virus 129, 237
VOIP 237

W

WAN 166
Web 197, 237
Wechseldatenträger 93
Wechselplatte 238
Wiederherstellen 127
Windows 38
    beenden 46
    starten 21
Wischen
    mit dem Finger 44
WLAN 166, 237
Writer 104
WWAN 166, 238
WWW 197, 237, 238

X

XML 238

Z

Zeigen
    mit der Maus 25
Zeile 189
Ziehen
    mit der Maus 30
Ziehen und Shift 122
Ziehen und Strg 122
Ziel 129
Zielfenster 129
Zoom 31
Zoomen
    mit den Fingern 44
Zubehör 51
Zweiersystem 74
Zwischenablage 78